W0223861

Barbara Cárdenas

Diagnostik mit Pfiffigunde

Ein kindgemäßes Verfahren zur Beobachtung von Wahrnehmung und Motorik bei Kindern von 5 – 8 Jahren

Gewidmet den Schülern und Schülerinnen
der Regenbogenschule Münster,
die ihr Leben trotz eingeschränkter Bewegungs- und
Wahrnehmungsfähigkeit meistern
und von unserer Gesellschaft statt Anerkennung dieser Leistung
oft Mitleid und Ablehnung erfahren.

Barbara Cárdenas

Diagnostik mit Pfiffigunde

Ein kindgemäßes Verfahren zur Beobachtung von Wahrnehmung und Motorik bei Kindern von 5 – 8 Jahren

---

borgmann

Ich möchte allen danken, die durch ihre fachlichen Anregungen oder andere Unterstützung am Gelingen des Buches beteiligt waren:

Mechthild Oexle (Leiterin der Schule für Körperbehinderte in Münster), Marianne Goyke (Krankengymnastin und Bobath-Lehrtherapeutin), Beate Schnermann (Ergotherapeutin), Monika Gewicke-Schopmann und Marion Ziemen-Pittino (Dipl.Psychologinnen), Lioba Hullmann (Grundschullehrerin), Angelika Hartmann-Janning (Heilpädagogin) und meiner Schwester Sabine Schlinkert (Dipl.Heilpädagogin)

Danken möchte ich auch Julia und Jan, Marie und Marco, die meine Fotomodelle waren.

Barbara Cárdenas

Die Autorin wurde durch das Kinderbuch „Prinzessin Pfiffigunde" von Babette Cole, erschienen im Carlsen Verlag, Hamburg, inspiriert. Wir danken dem Verlag für die Genehmigung, den Namen zu verwenden.

Veröffentlicht in der Edition:
borgmann publishing · Schleefstraße 14 · D-44287 Dortmund

10. Aufl. 2009
Gesamtherstellung: Löer Druck GmbH, Dortmund

Fotos: Anja Weber
Kopiervorlagen: Sabine Ikram (Grafik-Designerin)

Bestell-Nr. 8529 ISBN 978-3-86145-237-9

Inhalt

Vorwort zur 6. Auflage

Die mit der *'Diagnostik mit Pfiffigunde'* verbundene 'andere' Art, das Bewegungs- und Wahrnehmungsverhalten von Kindern zwischen 5 und 8 Jahren auf strukturierte und qualifizierte Weise beobachten und beurteilen zu können, hat seit der ersten Auflage 1992 viel Anklang gefunden.

Aus zahlreichen Fortbildungs- und Supervisionsveranstaltungen, die ich zur *'Diagnostik mit Pfiffigunde'* durchführte, aus an mich gerichteten Briefen und eigener Arbeit mit dem Verfahren ergaben sich auch diesmal wieder viele Anregungen für weitere Präzisierungen und Ergänzungen im Praxisteil. Sie alle zielen auf eine erleichterte Durchführung und Auswertung der *'Diagnostik mit Pfiffigunde'*.

Die Supervisionen zeigten aber auch, daß die gewählte Form eines Märchens dazu verführen kann, die Instruktionen nicht wörtlich wie bei einem 'ordentlichen psychodiagnostischen Verfahren', sondern in blumiger Sprache – quasi angepaßt an den Märchencharakter – zu geben. Dadurch schleichen sich Fehler ein, die letzten Endes zu Fehleinschätzungen führen können. Ich möchte daher die Empfehlung geben, die Instruktionen bei den ersten 10 Durchführungen wörtlich abzulesen und auch danach zwischendurch zu kontrollieren. Sie sind als Kopiervorlage zusammengefaßt und können zur besseren Handhabung in den Spickzettel des SL eingelegt werden.

Zeitgleich mit dieser Auflage wird auch der Reader 'Arbeiten mit Pfiffigunde' erstmals aufgelegt werden. Er enthält weiteres Material und Hilfestellungen zum konkreten Arbeiten mit der *'Diagnostik mit Pfiffigunde'*. Außerdem umfaßt er Erfahrungsberichte aus verschiedenen Arbeits- und Unterrichtsfeldern wie Elementar- und Primarbereich, Sonderschule, Fachhochschule und Heilpädagogische Praxis. Die Autorinnen, die aus mehreren Bundesländern kommen, haben die *'Diagnostik mit Pfiffigunde'* für ihre eigenen Erfordernisse angepaßt und ergänzt, erweitert oder gekürzt. Damit wurde auch dem in den letzten Auflagen angekündigten Bemühen, das Verfahren auf seine Aussagekraft für verschiedene Behindertengruppen zu untersuchen, zumindest für die Gruppen der Lernbehinderten/Förderschüler und Geistig Behinderten/Praktisch Bildbaren Rechnung getragen. Ich wünsche diesem Reader ebenfalls viele LeserInnen und 'AnwenderInnen'.

Von dem früher beabsichtigten Vorhaben, die *'Diagnostik mit Pfiffigunde'* zu normieren, habe ich zur Zeit Abstand genommen. Zum einen wäre dies mit einem hohen zeitlichen und finanziellen Aufwand verbunden, der nur in Zusammenarbeit mit einer Hochschule geleistet werden könnte, zum anderen umfaßt die *'Diagnostik mit Pfiffigunde'* Bereiche wie Körperschema,

Wahrnehmung oder Bilateralintegration, deren Verteilung bzgl. Geschlecht, Alter etc. (im Unterschied zur Intelligenz) noch rel. unerforscht ist. Im Vordergrund der *'Diagnostik mit Pfiffigunde'* steht daher auch weiterhin die qualitative Aus- und Bewertung, die zu spezifischen Förderempfehlungen führen soll.

Ich hoffe, daß die *'Diagnostik mit Pfiffigunde'* auch weiterhin viele Interessenten findet.

Oktober 1998 *Barbara Cárdenas*

1. Vorwort zur 1. Auflage

1.1. Zur Entstehung des Verfahrens *„Diagnostik mit Pfiffigunde“*

Als Dipl.Pädagogin und Dipl.Psychologin arbeite ich seit 1980 mit im Lern- und Verhaltensbereich auffälligen und entwicklungsverzögerten Kindern. Von 1987 bis 1994 war ich an der Westfälischen Schule für Körperbehinderte in Münster tätig. Meine Tätigkeit dort begann mit dem Auftrag, hirnfunktionsgestörte Kinder, die zwar nicht körperbehindert, aber doch körperlich stark beeinträchtigt waren, an dieser Schule in besonderer Weise zu betreuen.

Es hatten sich zunehmend mehr Regelschulen nicht mehr in der Lage gesehen, Kinder, bei denen z.B. eine ‘Minimale cerebrale Dysfunktion’[1] diagnostiziert worden war, angemessen zu fördern. Um diese Kinder an der Schule für Körperbehinderte einzuschulen, mußten ihre Störungen gravierend sein und einen körperlichen Anteil haben, oder die Kinder hatten noch eine zusätzliche Körperbehinderung (wie z.B. eine Skoliose[2] oder einen Klumpfuß), die aber als alleinige Behinderung den Verbleib in der Regelschule normalerweise nicht gefährdet hätte.

Die Schule für Körperbehinderte sah sich erstmals mit einer so großen Anzahl dieser leichter behinderten, aber oft maximal beeinträchtigten Kinder konfrontiert und bemühte sich, ein Gesamtkonzept für die Differentialdiagnostik und schulische Förderung sowie begleitende krankengymnastische und ergotherapeutische Betreuung zu erstellen.

Von 1987 bis 1989 lagen meine Aufgaben in der differentialdiagnostischen Abklärung der Störungsbilder, der darauf aufbauenden Beratung der Lehrer bzw. Therapeuten, sowie der psychotherapeutischen Einzelbetreuung dieser Kinder und der begleitenden Beratung der Eltern.

Analog zum Snoezelraum, einem Funktionsraum zur Förderung der Wahr-

---

[1] In der diagnostischen Nomenklatur der Hirnfunktionsstörungen werden auch die Bezeichnungen ‘Gravierende Teilleistungsstörungen’, ‘Motorische Koordinationsstörungen’, ‘Frühkindliches Psychoorganisches Syndrom’ oder ‘Sensorische Integrationsstörungen’ verwendet und nur zum Teil unterschiedlich belegt. Ich benutze den Terminus ‘hirnfunktionsgestörte Kinder’, könnte aber auch zu Begriffen wie ‘partiell hirnreifungsgestörte Kinder’ (Ruf-Bächtiger 1987) oder ‘integrationsgestörte Kinder’ (Brand/Breitenbach/Maisel 1987) greifen.

[2] Fachbegriffe werden in einem Glossar (Kap. 15) erklärt.

nehmungsentwicklung schwerstbehinderter Kinder, wurde ein 'Psychomotorikraum' eingerichtet, in dem bewegungsorientierter Unterricht für die leichter behinderten, hirnfunktionsgestörten Kinder durchgeführt und ihre Wahrnehmung auf vielfältige Weise gefördert werden konnte. Weiterhin führte ich zusammen mit Lehrern und Therapeuten anwendungsbezogene Fortbildungen zur perzeptiven und motorischen Förderung mit den Geräten und Fördermaterialen des Psychomotorikraums durch.

Auf der ständigen Suche nach einer 'kindgemäßen' Diagnostik für Kinder mit verschiedenen Störungen und Ausfällen in der Wahrnehmung und im Bewegungsverhalten entstand schließlich die Idee zur *„Diagnostik mit Pfiffigunde"*.

Zur Einsicht in die Notwendigkeit, diese Idee in persönlicher Anstrengung zu realisieren, trug auch der kontinuierliche fachliche Austausch bei. In unserer Stadt bestand ein Kreis von interessierten Fachleuten aus Schulpsychologischer Beratungsstelle, Sozialpädagogischen Ausbildungsstätten, Kinderklinik, Sonderschulen etc. Wir trafen uns regelmäßig, um uns auszutauschen und neuere Literatur zu besprechen. Allen gemeinsam war der Wunsch, diesen hirnfunktionsgestörten Kindern besser als bisher fachlich zu helfen.

Es war uns wichtig, daß die Teilnehmer des Arbeitskreises nicht nur <u>einer</u> Profession angehören, damit die Mosaiksteine, die der einzelne aus seiner Ausbildung in Psychologie, Pädagogik, Medizin, Krankengymnastik und Ergotherapie kennt, zusammengefügt werden können, um die Problematik dieser Kinder, die ja auch multidimensional ist, möglichst vielschichtig zu beleuchten.

Wir beschäftigten uns auch eine Zeitlang mit der Diagnostik von hirnfunktionsgestörten Kindern, die ja i.d.R. Störungen in verschiedensten Bereichen aufweisen, z.B. in der Grob- und Feinmotorik, in der Lateralitätsentwicklung und in der Perzeption. Jedes Kind verfügt über ein unterschiedliches Profil an Stärken und Schwächen und dieses muß bekannt sein, um Fördermaßnahmen einzuleiten, die wiederum Voraussetzung für eine adäquate schulische Entwicklung sind. Wir waren damals mit den angebotenen diagnostischen Methoden nicht zufrieden, v.a. wenn es um förderdiagnostische Strategien ging. Wir bemühten uns daher, diese Lücken mit viel Einfallsreichtum selbst zu stopfen.

Ich verdanke den Mitgliedern dieses Arbeitskreises viel: – kompetente, engagierte Diskussionen z.B. zu der Grundsatzfrage, ob das direkte Funktionstraining am Wesen dieser Störung, die ja auch eine Beziehungsstörung ist, nicht vorbeigeht, – akribische Textexegese, z.B. bei der Anleitung zur Durchführung und Auswertung des SCSIT, einer Testsammlung von Jean Ayres[3], - konkrete Anregungen zur Förderung eines bestimmten Kindes oder zum Gespräch mit seinen Eltern.

1988/89 begann ich mit der Realisierung meiner Idee.

Zur Erstellung der *„Diagnostik mit Pfiffigunde“* waren umfangreiche Vorarbeiten nötig.

V.a. ging es um die Beantwortung folgender Fragen:

- Welche Bereiche beobachtbaren Verhaltens sollen in die Untersuchung einbezogen werden?
- Welches Medium, welcher Kontext ist so kindgerecht, daß die klinischen Auffälligkeiten 'unauffällig' und streßfrei zu beobachten sind? Z.B. eine Geschichte oder ein Märchen?
- Welche klinischen Beobachtungssituationen bieten sich an, die in der Fachliteratur beschrieben sind (externe Validität)? Sie sollten möglichst differenzierte Altersangaben und Kriterien für eine klinische Auffälligkeit enthalten.
- Welchen funktionalen Zusammenhang können sie in einem Märchen haben? (Z.B. Zehengang, um vor den Riesen größer zu erscheinen).
- Wie ist das Märchen bzw. sein roter Faden zu konstruieren, um die Aufgaben abwechslungsreich aufeinander folgen zu lassen?
- Wie kann eine Bewertung der Leistungen erfolgen, die so differenziert wie nötig und so knapp wie möglich ausfällt?

Inzwischen liegt die *„Diagnostik mit Pfiffigunde“* als Screening-Verfahren[4] vor, das in 31 Beobachtungssituationen Informationen über den erreichten Stand von Fein- und Grobmotorik, Perzeption, Lateralität, Körperschema und Gedächtnis sammelt.

Das Screeningverfahren ist bisher insofern standardisiert, als bei der Konstruktion des Beobachtungsverfahrens darauf geachtet wurde, daß vergleichbare Untersuchungsbedingungen (gleiches Material, gleiche Instruktionen usw.) gewährleistet sind.

---

[3] "Southern California Sensory Integration Tests“ von A. Jean Ayres, Los Angeles 1980. Eine Kurzbeschreibung geben Brand/Breitenbach/Maisel in „Integrationsstörungen“, Würzburg 1988, S. 85-106.

[4] Am Ende des Buches erklärt ein Glossar die wichtigsten Begriffe.

Auch wenn ich mich bemüht habe, das Verfahren nicht mit Fachbegriffen zu spicken und die Bewertungskriterien so eindeutig wie möglich definiert sind, so setzt die fachgerechte Durchführung des Screening-Verfahrens doch ein gewisses Maß an Vorwissen voraus.

Wer sich hier stärker einarbeiten möchte, für den habe ich in Kapitel 13.2 Empfehlungen für weiterführende Literatur aufgeführt.

1.2 Zum Adressatenkreis der *„Diagnostik mit Pfiffigunde"*

Das Screening-Verfahren soll uns dazu dienen,

- einen Überblick über Ausmaß, Stärke und Profil der Wahrnehmungsbeeinträchtigungen zu bekommen,
- Aufschluß zu bekommen darüber, ob Fein- und Grobmotorik altersgerecht entwickelt sind,
- den Stand der Lateralitätsentwicklung abzuklären,
- einen begründeten Hinweis auf eine eventuelle organische Beteiligung an den Auffälligkeiten zu erhalten,
- eine Orientierung zu bekommen, wann bestimmte weitere Fachkräfte eingeschaltet werden sollten.

Es richtet sich besonders an diejenigen, die nach einer 'anderen' Diagnostik suchen. Gerade Kinder mit den beschriebenen Störungen verweigern oft Überprüfungen, bei denen ihre Schwächen im Mittelpunkt stehen oder sie brechen die Testung wegen ihrer geringen Frustrationstoleranz ab, sobald ihnen etwas nicht gelingt. Die meistens normalintelligenten Kinder wissen genau von ihren Schwierigkeiten und fühlen sich vorgeführt und bloßgestellt. Dies gilt nicht nur für Papiertests, sondern auch für Überprüfungen der Motorik.

Da das Verfahren zugeschnitten ist auf das Alter von 5 bis 8 Jahren, ist es besonders geeignet, Informationen zur Einschulung und Schulreife zu sammeln als auch bei auftretenden Lern- und Verhaltensproblemen in den ersten 2 Schuljahren Hypothesen für den Verursachungshintergrund bilden zu können.

Es eignet sich von daher gut für den Einsatz an *Kindergärten*.

Viele Kindergärten haben ein spezielles Angebot für die Kinder des letzten Kindergartenjahres, die sog. 'Schulkinder', und könnten das Beobachtungsverfahren nutzen, um gezielt Informationen über den Stand der Entwicklung des Kindes zu sammeln. In diesem Jahr machen viele Kinder einen Entwicklungssprung, und eine Förderung, die noch frei ist vom 'Lernen müssen', wird gerne angenommen und gut genutzt.

ErzieherInnen haben in der Regel aufgrund der bis zu drei Jahre, die sie das Kind in seiner Entwicklung beobachten konnten, einen 'guten Blick' für die Kinder, die in ihren Leistungen nicht altersgerecht sind. Es fehlt ihnen aber oftmals das Instrumentarium, aufgrund dessen sie entscheiden können, wo sie in der spielerischen Förderung Schwerpunkte setzen müßten, um einen Entwicklungsrückstand anzugehen.

Entwicklungsstörungen und Verhaltensauffälligkeiten nehmen allgemein an Häufigkeit, Umfang und Stärke zu. LeiterInnen von *Schulkindergärten*, die schon immer die Schwächsten ihres Jahrganges betreuten, berichten darüberhinaus übereinstimmend, daß immer weniger 'harmonisch entwicklungsverzögerte Kinder' zu ihnen kommen, die im Laufe des Jahres ohne gezielte Förderung 'nachreifen', dagegen immer mehr Kinder mit sehr heterogenen perzeptiven und motorischen Fähigkeiten und Ausfällen. Schulkindergärten sind daher in besonderer Weise auf detaillierte Informationen über das perzeptive und motorische Profil der Kinder angewiesen, um einen individuellen Förderplan aufstellen zu können.[5]

Treten in den *ersten beiden Grundschulklassen* bei verschiedenen Kindern Lern- und Verhaltensprobleme auf, so ist das Verfahren geeignet, Hypothesen für den Verursachungshintergrund bilden zu können. Dadurch kann eine Über- bzw. Unterforderung vermieden und gezielt Hilfestellung gegeben werden. Auch der Erlaß zur Leserechtschreibschwäche (LRS) von 1991 fordert vom Lehrer, Risikogruppen von Kindern mit „Auffälligkeiten in der Motorik, Linkshändigkeit, Schwierigkeiten in der Sprachentwicklung und der visuellen Wahrnehmung ..." ... „direkt in der ersten Klasse zu erfassen und gezielt zu fördern".[6]

Eine zusätzliche Herausforderung an die LehrerInnen der Grundschule besteht darin, daß zunehmend mehr behinderte Kinder regelbeschult werden. Durch den medizinischen Fortschritt in der pränatalen Phase und durch die Frühförderung sind zum einen viele leichtere Behinderungen bis zum Schulalter relativ gut kompensiert oder integriert. Auf der anderen Seite ist es der Wille vieler Eltern behinderter Kinder, aber inzwischen

[5] Nach meiner Erfahrung ist allerdings die gegenwärtige Zahl von bis zu 24 Kindern pro Gruppe zu hoch, um diesen Kindern eine adäquate Förderung zukommen zu lassen. Es kann dadurch zu Sekundärstörungen kommen, die die ursprünglichen Auffälligkeiten verstärken.

[6] Landesinstitut für Schule und Weiterbildung (Hrsg.) 1991, 22.

auch von politischer Seite, daß eine Sonderbeschulung möglichst vermieden wird.

Hier ist allerdings zu fordern, daß auch die Voraussetzungen für eine tatsächliche Integration geschaffen werden, statt auf dem Rücken der Kinder und Lehrer eine Minimallösung zu suchen. Es besteht Bedarf an Lehr- und therapeutischem Personal, Räumen, Fördermaterialien, Hilfsmitteln, und nicht zuletzt Lehrerfortbildung. Integration behinderter Kinder in Regelschulen darf nicht bedeuten, hinter den erreichten Standard in Sonderschulen zurückzufallen. Besonders in Zeiten leerer Kassen haben Lösungen im Interesse der Kinder aber wenig Chancen der Durchsetzung. Die LehrerInnen an Grundschulen sind auf individuelle 'Lösungen' verwiesen.

Solche individuellen Lösungen können auch in einer Berücksichtigung der Bedürfnisse dieser Kinder im Schulalltag bestehen, – angefangen mit der Beachtung der richtigen Sitzhaltung, Griffhilfen für das feinmotorisch gehandicapte Kind, einer veränderten Gestaltung des Arbeitsplatzes des konzentrationsgestörten Kindes, einer Rhythmisierung des Unterrichts, v.a. wichtig für Kinder mit einer geringen Aufmerksamkeitsspanne, bis zur Einrichtung eines Psychomotorikraums, der – wie auch andere Funktionsräume – allen Klassen zur Verfügung steht und der gezielten Arbeit mit entwicklungsverzögerten und -gestörten Kindern dient [7].

Auch wenn die Ausstattung an *Sonderschulen* besser ist, sind durch die Veränderungen in der Schülerstruktur eine Reihe von Problemen entstanden.

So besuchen die 'einfach'[8] körperbehinderten, normalintelligenten Kinder seit einigen Jahren meist die Regelschulen.

In den Sonderschulen verbleiben v.a. schwerstbehinderte (aber 'einfach' behinderte) Kinder, schwerst-mehrfachbehinderte und leichter mehrfachbehinderte Kinder, denen die Regelschule wegen der Schwere oder Komplexität der Beeinträchtigungen bisher kein Angebot machen kann.

---

[7] Elemente der integrativen Förderung können auch jetzt schon in den Elementarbereich einfließen. Anregungen und Beispiele für einen bewegungsorientierten Unterricht, in dem Perzeption und Motorik durch differenzierende Methoden gefördert werden, geben BRAND/BREITENBACH/MAISEL 1987.

[8] Hier ist nicht 'einfach' im Sinne von weniger schwer, sondern im Gegensatz zu mehrfachbehindert gemeint.

Die Trennungen im Sonderschulwesen sind zumindest für die mehrfach behinderten oder -beeinträchtigten Kinder dysfunktional: Nehmen wir den Fall eines Kindes mit einer minimalen Zerebralparese, Sprachstörungen und einer Lernbehinderung. Die Lehrer des Sonderschultyps, in den dies Kind schließlich eingeschult wird, sind evtl. nur in einer Studienrichtung ausgebildet, müßten sich also als Lehrer der Schule für Lernbehinderte zusätzlich im Bereich der Körperbehinderten- und Sprachbehindertenpädagogik kundig machen. Und auch die therapeutischen Angebote sind zugeschnitten auf eine bestimmte Art von Behinderung. Dies Problem ist auch mit einer verbesserten Durchlässigkeit innerhalb des Systems der Sonderschulen nicht zu beheben[9].

Ich bin überzeugt, daß gerade LehrerInnen aus Sonderschulen für Körperbehinderte, Lernbehinderte, Sprachbehinderte und Erziehungshilfe das Beobachtungsverfahren als Hilfestellung zur strukturierten Beobachtung von Grob- und Feinmotorik, Perzeption und Lateralität mehrfach behinderter Kinder nutzen können.

Schließlich kann die *„Diagnostik mit Pfiffigunde"* gut an *Beratungs- und Therapieeinrichtungen* eingesetzt werden. Ich denke hier v.a. an Erziehungsberatungsstellen, schulpsychologische Beratungsstellen und Heilpädagogische Praxen, die auch mit kleinen Gruppen von Kindern arbeiten. Kinder mit den beschriebenen Auffälligkeiten werden häufig von der Schule an diese Einrichtungen verwiesen oder Eltern wenden sich ratsuchend an sie. Diese Institutionen haben in der Regel auch die Infrastruktur, also z.B. die Räumlichkeiten und die von mir empfohlene Videoausrüstung und könnten an die strukturierte Beobachtung eine gezielte Förderung sowie Lehrerberatung anschließen.

---

[9] In eingeschränktem Sinne gilt dies auch für die 'einfach' Behinderten. Z.B. zieht eine Sinnesbehinderung wie Schwerhörigkeit oder Sehbehinderung weitere Behinderungen oder Einschränkungen perzeptiver, motorischer oder psychischer Art nach sich. Die Diagnostik und Förderung muß daher immer verschiedene Ebenen einbeziehen.

2. Ziele des Beobachtungsverfahrens

2.1 Vielfältigkeit von Informationen

Im Schulalltag zeigen eine ganze Reihe von Kindern verschiedenartigste Probleme, die nicht angegangen werden können, wenn man nicht ihren Hintergrund kennt. Das Verfahren stellt nun gezielt Beobachtungssituationen her, in denen von einem bestimmten Verhalten auf eine bestimmte zugrundeliegende Störung geschlossen werden kann.

Dadurch lassen sich zum Beispiel folgende Vermutungen überprüfen, die im Einzelfall ein auffälliges Verhalten 'erklären'[1] können und dieses damit einer Veränderung[2] erst zugänglich machen:

- Kinder, die sich immer 'herumlümmeln', keine Ausdauer zeigen und v.a. am Tisch nicht lange arbeiten können, sind evtl. hypoton, verfügen also über eine zu geringe Muskelspannung, was erfolgreich krankengymnastisch behandelt werden kann,
- Kindern, die beidhändig agieren, und bei denen der Lehrer nicht weiß, welche Hand er als Schreibhand favorisieren soll, kann evtl. besser zu einer Hand geraten werden, wenn ein Profil der Lateralität auch von Auge und Bein bzw. Fuß erstellt wird. So kann auch der Hinweis auf eine gekreuzte Lateralität gewonnen werden, die Hintergrund bestimmter Schwierigkeiten sein kann,
- bei Kindern, die ungeschickt beim Basteln sind, beim Ausziehen zum Turnen oder Schwimmen viel Zeit benötigen, bei Bewegungsspielen immer zu den Letzten gehören, liegt evtl. eine Dyspraxie vor, die die Kinder bei den alltäglichen Verrichtungen viel Kraft kostet, aber ergotherapeutisch angegangen werden kann,
- gerade mit dem Lesenlernen haben *die* Kinder Schwierigkeiten, deren Steuerung der äußeren Augenmuskeln nicht fein genug abgestimmt ist; nicht wenige der Legastheniker sind nicht in der Lage, die Buchstabenzeile sequentiell mit den Augen abzutasten und versuchen sich z.B.

---

[1] Die im folgenden dargestellten Zusammenhänge erschließen sich nicht unbedingt dem ungeschulten Beobachter und setzen in der Regel auch einen gewissen theoretischen Hintergrund voraus. Interessierte finden in Kap. 10.2.1 Literaturempfehlungen zur Einarbeitung in das Thema.

[2] Ein ausführliches, kommentiertes Verzeichnis empfohlener Literatur zur Förderung bestimmter, auch im folgenden angesprochener Bereiche findet sich in Kap. 10.2.

damit zu helfen, daß sie den Finger unter der Zeile mitführen. Hier kann ein Augenmotoriktraining Abhilfe schaffen,

- einige Kinder kommen nicht zu einer ausreichenden Schreibgeschwindigkeit, weil sie noch nicht den Pinzettengriff beherrschen und daher dazu neigen, die Hand um den Griff zu fausten bzw. zu verkrampfen; es gibt die Möglichkeit, dies desensibilisierend bzw. ergotherapeutisch anzugehen,
- eine Unsicherheit bei der Bestimmung der Raumlage führt zu Schwierigkeiten beim Schreiben- und Lesenlernen (z.B. bei den Druckbuchstaben b, d, p, q) sowie beim Rechnen (9, 6, 81, 18). Hierzu gibt es eine Reihe von Trainingsmöglichkeiten,
- manche Arbeitsblätter, mit denen die Schüler heute vom ersten Schuljahr an arbeiten, sind sehr komplex aufgebaut und für Kinder mit Störungen der visuellen Figur-Grund-Wahrnehmung kaum zu bewältigen; dies veranlaßt den Lehrer oft zu dem Fehlschluß, die Kinder hätten die Aufgabe nicht verstanden oder könnten sie begabungsmäßig nicht bewältigen,
- bei einem Kind, das im Unterricht nicht mitkommt, besteht auch die Möglichkeit, daß es vielleicht nicht genug versteht/behält (verbale Erfassungsspanne) oder nicht das Richtige versteht/behält (auditive Differenzierung); ein Lehrer, der dies weiß, kann sich darauf durch bestimmte Methoden der Darbietung des Lernstoffes einstellen.

2.2 Ansetzen an der kindlichen Vorstellungswelt

Im Verfahren *„Diagnostik mit Pfiffigunde“* stehen die Aufgaben in einem sinnhaften Zusammenhang, der die kindliche Phantasie anspricht. Die Kinder sind Akteure in einem Märchenspiel mit Drachen, Hexen und Feen. Sie haben Mitstreiter, mit denen sie gemeinsam die Abenteuer bestehen. Dadurch ist der Widerstand gegen ein Mit-Spielen gering.

2.3 Vermeidung von Leistungsdruck

Das Beobachtungsverfahren *„Diagnostik mit Pfiffigunde“* soll eine Ergänzung sein zu standardisierten Testverfahren und neurologischen Untersuchungsverfahren, deren Nachteile im motivationalen Bereich liegen, da die Testsituation unnatürlich ist und keine Eigenmotivierung schafft. Aufgrund der fremdmotivierten Leistungsorientierung ist Streß kaum vermeidbar, für den aber hirnfunktionsgestörte Kinder besonders anfällig sind. Sie sind in einer künstlichen Testsituation durch Streß blockiert und in ihrer

Leistung beeinträchtigt. Das Ergebnis sind testunwillige Kinder und fragwürdige Ergebnisse.

In der *„Diagnostik mit Pfiffigunde"* erfolgt in der zu beobachtenden Situation selbst noch keine Bewertung, sondern sie ergibt sich erst aus der Beurteilung der Videoszenen.[3] Weiter gibt es keine strikte Zeitbeschränkung. Gelingt den Kindern eine Aufgabe gar nicht, obwohl sie sich bemüht haben, können sie Hilfestellung von den anderen Rittern, den Tieren oder der Fee bekommen. Es wird empfohlen, das Verfahren als Gruppenüberprüfung anzulegen.[4] Das Erleben von Mißerfolg wird dadurch gering gehalten bzw. aufgefangen.

2.4 Realistisches Abbild der Leistungsfähigkeit

Das Verfahren *„Diagnostik mit Pfiffigunde"* soll die strukturierte Beobachtung von Einzelleistungen ermöglichen und damit die Beobachtung in natürlichen Situationen, wo Kompensation eher möglich ist, ergänzen.

Um die aktuelle Leistungsfähigkeit der Kinder festzustellen, ist es notwendig, die Kinder zu motivieren: da nur sie das Drachenland retten können, indem sie bestimmte Aufgaben erfüllen, und jede Aufgabe durch ihre Märchenlogik ein Baustein zum Gelingen der Gesamtaufgabe ist, bleiben Motivation und Anstrengungsbereitschaft bis zum Schluß erhalten.

Das Beobachtungsverfahren soll einen begründeten und intersubjektiv nachvollziehbaren Hinweis auf bestimmte Auffälligkeiten geben, die dann gezielter vom Arzt, Psychologen, Krankengymnasten oder Ergotherapeuten untersucht und angegangen werden können.

2.5 Als Ergebnis nicht ein numerischer Endwert, sondern eine inhaltliche, handlungsleitende Aussage

Engagierte Pädagogen scheuen sich oft, Kinder Tests zu unterwerfen, bei denen am Ende eine Zahl, also ein Vergleichswert steht. Dennoch benötigen sie Hilfestellung bei der organisierten Sammlung und Bewertung von Beobachtungen.

---

[3] Für den Fall, daß keine Videokamera zur Verfügung steht, wurde in Kap. 6.1 eine alternative Vorgehensweise vorgeschlagen.

[4] Dies bedeutet nicht, daß nicht einzelne Beobachtungssituationen herausgelöst und mit einem einzelnen Kind durchgeführt werden können. Der Märchencharakter wird darunter allerdings leiden.

Ziel der diagnostischen Abklärung durch die *„Diagnostik mit Pfiffigunde“* ist kein arithmetischer Durchschnittswert. Im Vordergrund steht die Erstellung eines individuellen Profils von Fähigkeiten auf der einen und Beeinträchtigungen auf der anderen Seite, die daraufhin gezielt gefördert bzw. behandelt werden können.[5]

Dabei ist die Bewertungsskala bewußt nicht sehr differenziert. Die Bewertung geht von 0 = unauffällig, 1= zweifelhaft bis zu 2 = auffällig.

In der Regel bedeutet die Bewertung

0, daß die Leistung des Kindes, bezogen auf sein Alter, im Normbereich liegt und daher keine besondere Förderung notwendig ist,

1, daß die Leistung leicht unterdurchschnittlich ist und sorgfältig beobachtet werden sollte, eine Förderung aber auf jeden Fall sinnvoll ist,

2, daß die Leistung so auffällig ist, daß eine weitere Überprüfung durch Fachkräfte wie Arzt/Ärztin, KrankengymnastIn oder ErgotherapeutIn erfolgen sollte, die ggf. eine Therapie einleiten können. Außerdem benötigt das Kind eine besondere schulische Förderung bzw. eine Berücksichtigung seiner speziellen Lernvoraussetzungen im Unterricht.

Im Kap. 13.2 werden Empfehlungen gegeben, welche Trainingsprogramme bzw. Hilfen zur Anwendung kommen können.

2.6 Hinweis auf eine organische Beteiligung an den perzeptiven und motorischen Auffälligkeiten

Ausgesprochenes Ziel des Verfahrens[6] ist es, Hinweise auf das Vorliegen von Hirnfunktionsstörungen zu gewinnen, die Hintergrund für vielfältige Bewegungs- und Wahrnehmungsstörungen sein können.

Da nach Ruf-Bächtiger „die minimale Zerebralparese die am leichtesten feststellbare und objektivierbare Störung“[7] innerhalb der Hirnfunktionsstörungen ist, ist sie in diesem Screening-Verfahren von großer Bedeutung für den Nachweis einer organischen Beteiligung an den festgestellten Auffälligkeiten im perzeptiven und motorischen Bereich.

---

[5] Vgl. den Profilbogen, der als Ergebnis der Überprüfung mit dem Märchen erstellt werden kann, im Anhang.

[6] Zu den folgenden Ausführungen s. das grundlegende Kap. 3: Theoretische Einordnung von Hirnfunktionsstörungen.

[7] Ruf-Bächtiger 1987, 18.

Hierzu werden Auffälligkeiten der Muskelspannung, das Vorliegen von Seitenbetonungen, von nicht-integrierten Reaktionen und von assoziierten tonischen Reaktionen überprüft.

Vor dem Hintergrund des Vorliegens oder Nicht-Vorliegens einer minimalen Zerebralparese können dann Wahrnehmungsstörungen, Störungen der Praxie und der Lateralitätsentwicklung, Gedächtnis- und Körperschemastörungen eingeordnet werden.

Abb.: Aus Beobachtungssituation 27 (Figur-Grund-Wahrnehmung, Aufg. 1)

3. Theoretische Einordnung von Hirnfunktionsstörungen

3.1 Zur Entstehung von Hirnfunktionsstörungen

Leichte Hirnfunktionsstörungen haben vielfältige Ursachen, die man nach dem Schädigungszeitraum einteilen kann:

Pränatal, also während der Schwangerschaft können
- genetische Ursachen[1],
- Mangelernährung oder Alkoholmißbrauch sowie Blutungen der Mutter,

perinatal, also unter der Geburt
- Sauerstoffmangel und andere Komplikationen,

postnatal, also nach der Geburt und in den ersten Lebensjahren
- hohes Fieber (über 39 Grad über einen längeren Zeitraum),
- Ernährungsstörungen sowie
- Infektionskrankheiten, die das Gehirn erfassen,

zu Hirnfunktionsstörungen führen.

Wahrnehmungsstörungen können ihre Ursache auch in psychischer Überbelastung oder in sexuellem Mißbrauch haben. Besonders bei Mißbrauch oder Mißhandlung kann taktile Abwehr, sowie Überempfindlichkeit im akustischen und visuellen Bereich die Folge sein.

Schließlich können
- geringe materielle Ressourcen wie kleine Wohnungen, geringe Spielmöglichkeiten, geringer Spielanreiz,
- problematisches Erziehungsverhalten der Bezugspersonen wie Überbehütung auf der einen, soziale Deprivation auf der anderen Seite, übermäßiger Fernseh- und Videokonsum und anderes mehr,

die Kinder zusätzlich beeinträchtigen.

3.2 Zur Häufigkeit des Auftretens

Die Angaben zur Häufigkeit des Vorkommens von frühkindlichen Hirnfunktionsstörungen schwanken vorwiegend zwischen 10 und 20 % der Kinder

---

[1] Ruf-Bächtiger (1987, S. 8) geht davon aus, daß Hirnfunktionsstörungen dominant vererbt werden können und gibt hierzu eine Reihe von Literaturhinweisen.

eines Geburtenjahrgangs, wobei – wie in anderen Fragen auch – das Geschlechterverhältnis ungefähr bei 1 (Mädchen) zu 4 (Jungen) liegt.

Ca. 25 % der Hirnfunktionsstörungen werden vorgeburtlich, 60 % während der Geburt und 15 % in den ersten Lebensjahren verursacht.

3.3 Die Auswirkungen von Hirnfunktionsstörungen

Kommt es bei einem Kind zu frühkindlichen Hirnfunktionsstörungen, so sind in der Regel *verschiedene Funktionen beeinträchtigt:* Bewegung, Wahrnehmung, Gedächtnis, Sprache u.a.m.

Dies liegt daran, daß die funktionellen Hirnorgane wie Regelkreise über das ganze Gehirn verzweigt sind und in dem noch nicht voll entwickelten Gehirn verschiedene Zentren bilden, die gemeinsam für bestimmte Funktionen zuständig sind. Solche Funktionen sollte man sich nicht als einheitliches Ganzes vorstellen, sondern als Zusammenwirken hierarchisch gestufter oder kooperativ arbeitender Teilfunktionen, die sich gegenseitig regeln. Wird das Gehirn des Foetus z.B. von Sauerstoffmangel betroffen, so ist es wahrscheinlich, daß Strukturen geschädigt werden, die für mehrere funktionelle Hirnorgane vorgesehen sind.

Selbst bei einer cerebralen Schädigung, die noch in den ersten Lebenswochen nach der Geburt verursacht wird, ist nur selten eine isolierte Funktion betroffen.

Grundsätzlich können sämtliche Funktionen des Gehirns gestört sein.

Die Schädigung bewirkt aufgrund struktureller oder biochemischer Veränderungen in den Hirnstrukturen, daß die sich auf dieser Grundlage entwikkelnden funktionellen Hirnorgane zum einen *verzögert, zum anderen mangelhaft reifen,* also ihre Aufgaben nicht voll erfüllen können. Da die noch ungeschädigten Hirnstrukturen mit den geschädigten vielfältig in Verbindung stehen und nun nicht ausreichend oder nicht in ausreichend guter Qualität mit Nervenimpulsen versorgt werden, können auch sie nicht altersentsprechend reifen, so daß das Schädigungsbild äußerst verwirrend werden kann.

Das gleiche gilt für schwerere Hirnschädigungen, die zu dem Erscheinungsbild des CP-Kindes (Cerebralparese - zerebrale Bewegungsstörung) führen können. Dieses Kind zeigt in erster Linie ein auffälliges Bewegungsverhalten, hat in der Regel aber auch Schwierigkeiten mit der Wahrnehmung und dem Verständnis, ebenso wie das schwer geistigbehinderte Kind auch Bewegungsstörungen hat. Dieser Zusammenhang gilt auch für leichtere Ausfälle: „Motorische Auffälligkeiten im Sinne von Ungeschicklichkeit, Steifheit oder auch im Sinne von Bewegungsunruhe sieht man ziemlich häufig bei denjenigen Behinderten, die nicht an einer Körperbehinderung im engeren Sinne leiden“[2].

Die Systeme von Bewegung und Wahrnehmung sind aufs engste miteinander verzahnt: was an Input über die Wahrnehmung vom Gehirn aufgenommen wird, kann sich (nach einem komplexen Verarbeitungsprozeß, in dem der Input mit vorher eingegangenen Informationen angereichert und umgewandelt wird) nur über die Motorik, also über Körperbewegungen, Sprechen, Mimik u.a.m. mitteilen, sowie überprüfen lassen.

Das *Ausmaß der tatsächlichen Beeinträchtigung* hängt nun zum einen davon ab, wie groß die Kompensationsmöglichkeiten durch die intakten Strukturen sind, da aufgrund der Plastizität des kindlichen Gehirns andere Hirnstruktureinheiten die Aufgaben der geschädigten Hirnorgane übernehmen können.

Zum anderen wirkt die Umwelt auf das Erscheinungsbild der Hirnfunktionsstörungen ein. Die funktionellen Hirnorgane sind zwar genetisch vorbedingt, bilden sich aber erst mit dem ständigen Gebrauch zu immer komplexeren Systemen aus. Auch wenn die ersten Lebensjahre die wichtigsten in der Förderung des Kindes sind, so können in der Schulzeit und auch selbst noch in der Pubertät Weichen gestellt werden, daß funktionelle Hirnorgane nachreifen können. Wichtig ist eine genaue Analyse der beeinträchtigten Funktionen sowie bei motorischen Bewegungsmustern eine Entscheidung darüber, ob diese Muster lediglich ‘primitiv’ erscheinen und damit einer zielgerichteten Förderung zugänglich sind, oder als pathologisch einzustufen sind und daher therapeutisch neu aufgebaut werden müssen.

Den Hirnfunktionsstörungen kann man sog. *Primärsymptome* zuordnen, die mehr oder weniger unmittelbar auf die neurologische Störung zurückzuführen sind. In der Literatur werden verschiedene aufgeführt, die den Bereichen Wahrnehmung (z.B. Reizfilterung und -integration), grob- und feinmotorische Integration, sowie Speicherung und vegetative Funktionen zuzuordnen sind.

Sekundärsymptome sind dagegen aus der Wechselwirkung von Primärsymptomen und Umwelteinflüssen entstanden bzw. werden in ihrer Ausprägung entscheidend durch die Umwelt beeinflußt. Zu nennen wäre u.a. Hyperaktivität, Konzentrationsprobleme/Ablenkbarkeit, Streßintoleranz etc. Besonders ständige Überforderung und mangelnde Erfolgserlebnisse

---

[2] HEESE, in HEESE (Hrsg.) 1975, 11.

spielen eine große Rolle, wohingegen Strukturierungshilfen, Ermutigung und Geduld von der Umwelt oft nicht ausreichend zur Verfügung gestellt werden.

Die Auswirkungen auf das Selbstbild des Kindes und die damit verbundenen Verhaltensweisen kann man als *Tertiärsymptome* bezeichnen. Darunter fällt z.B. das geringe Selbstwertgefühl und die damit verbundene Mißerfolgsorientierung sowie Kontaktstörung des Kindes. Verhaltensauffälligkeiten wie Ersatzbefriedigungen, aber auch psychosomatische Auffälligkeiten wie z.B. Schlafstörungen können zu den reaktiven Störungen gehören.

3.4 Die Bedeutung der Feststellung einer minimalen cerebralen Bewegungsstörung für das Beobachtungsverfahren

Bedenkt man diesen umfassenden Symptomenkomplex des hirnfunktionsgestörten Kindes, warum spielen die Grobmotorik und besonders die Feststellung einer minimalen cerebralen Bewegungsstörung in dem Beobachtungsverfahren *„Diagnostik mit Pfiffigunde“* eine so große Rolle?

Ich stütze mich im folgenden besonders auf Lislott Ruf-Bächtiger[3], die m.E. den Symptomenkomplex hirnfunktionsgestörter Kinder zutreffend beschreibt und als notwendiges objektivierbares Kriterium die minimale cerebrale Bewegungsstörung nennt.

In ihren Untersuchungen stellte Lislott Ruf-Bächtiger fest, daß man Hirnfunktionsstörungen immer in den folgenden drei Bereichen findet, nämlich als minimale cerebrale Bewegungsstörung, Wahrnehmungs- und Programmsteuerungsstörungen, verzögerte Reifung des Sozialverhaltens und weiterer psychischer Funktionen. Innerhalb dieser Bereiche sind dann allerdings die Störungen von Kind zu Kind sehr verschieden und das Erscheinungsbild der Hirnfunktionsstörungen dadurch sehr vielfältig[4].

---

[3] Sie schreibt (1987) über Diagnostik und Therapie beim sog. Frühkindlichen Psychoorganischen Syndrom, welches bei 800 Kindern in der Universitätskinderklinik in Basel festgestellt und untersucht wurde.

[4] Eigentliche Teilleistungsstörungen ohne das gleichzeitige Bestehen einer minimalen cerebralen Bewegungsstörung hat sie nicht beobachten können, obwohl in der Literatur auch hierzu oft eine andere Meinung vertreten wird. So werden immer wieder teilleistungsgestörte Kinder ohne ‘neurologische Auffälligkeiten’ erwähnt, was Ruf-Bächtiger darauf zurückführt, daß nicht immer und überall nach einer minimalen cerebralen Bewegungsstörung gesucht wird bzw. daß neurologische Auffälligkeiten anders definiert werden, also nur schwerere Ausfälle beinhalten. Auf der anderen Seite scheint es Kinder mit einer minimalen cerebralen Bewegungsstörung ohne weitere Auffälligkeiten zu geben, Kinder, die zum Beispiel an der Schule für Körperbehinderte in Münster ‘Kinder mit einer Mini-CP’ (in Unterscheidung zu ‘MCD-Kindern’) genannt werden.

Eine minimale cerebrale Bewegungsstörung ist im Vergleich etwa zu Wahrnehmungsstörungen relativ leicht und auch intersubjektiv nachvollziehbar festzustellen. Ihr Nachweis bedeutet, daß 'etwas Organisches vorliegt'.

Wahrnehmung kann nur geprüft werden durch Leistungen, die das Kind erbringt. Dazu muß die Wahrnehmung in ein motorisches Programm umgesetzt werden. Die Ausführung dieses Programms kann aber durch das Vorliegen einer minimalen cerebralen Bewegungsstörung beeinträchtigt sein, so daß immer eine differenzierte Analyse nötig ist.

Auch in meiner mehrjährigen Arbeit mit entwicklungsverzögerten und hirnfunktionsgestörten Kindern, bei denen schließlich ärztlicherseits eine Minimale Cerebrale Dysfunktion (MCD), ein Hyperkinetisches Syndrom (HKS), ein organisches Psychosyndrom (POS) oder Teilleistungsstörungen diagnostiziert wurden, hat es sich als hilfreich erwiesen, zuerst nach den Symptomen einer minimalen cerebralen Bewegungsstörung zu suchen.

Der Symptomenkomplex des schwerer geschädigten Kindes mit einer cerebralen Bewegungsstörung ist gut untersucht[5]. Damit liegt gewissermaßen ein Leitfaden für die Untersuchung vor, der auch bei leichter hirnfunktionsgestörten Kindern zur Anwendung kommen könnte, denn die MCD ist als 'verdünnte Tetraspastik', also eine spastische Bewegungsstörung, die Arme und Beine betrifft, anzusehen[6].

Das von mir an der Schule für Körperbehinderte in Münster entwickelte Beobachtungsverfahren nimmt die Erfahrungen mit dem Lern- und Leistungsverhalten von Kindern mit cerebralen Bewegungsstörungen auf, wendet sich aber gezielt dem Symptomenkomplex der leichter hirnfunktionsgestörten Kinder zu, die v.a. mit der Diagnose 'MCD' an diese Schule überwiesen oder gleich dort eingeschult wurden.

Ergeben sich im hier vorgestellten Screening-Verfahren bei entwicklungsgestörten Kindern Hinweise auf eine minimale cerebrale Bewegungsstörung, so hat dies Konsequenzen für die Einordnung der Schwierigkeiten des Kindes:

- es kann davon ausgegangen werden, daß ein organischer Ursprung der Schwierigkeiten des Kindes vorliegt, der – wie bei einer sorgfältigen Anamnese meist zu erfahren – auch Auswirkungen in der frühkindlichen Motorik und Sensorik gezeigt haben müßte (z.B. erhöhte Schreckhaftig-

[5] Z.B. bei Feldkamp u.a. 1989, Zinke-Wolter 1994[3].

[6] Vgl. auch Hochleitner 1970 und 1971.

keit, verzögerte Sprachentwicklung, verzögerte statomotorische Entwicklung, Ernährungsschwierigkeiten, erschwerte Reinlichkeitserziehung etc.),

- weiter kann davon ausgegangen werden, daß (neben der minimalen cerebralen Bewegungsstörung) nicht eine isolierte Funktionsstörung vorliegt, wie z.B. eine Störung der visuellen Figur-Grund-Wahrnehmung, die womöglich zur Durchführung des Screening-Verfahrens Anlaß gegeben hat, sondern ein Komplex von mehr oder weniger beeinträchtigten und beeinträchtigenden Funktionen, die nach Ruf-Bächtiger unter v.a. Wahrnehmungs- und Programmsteuerungsstörungen sowie verzögerter Reifung des Sozialverhaltens und weiterer psychischer Funktionen eingeordnet werden können. Das Screening-Verfahren gibt für die Bereiche Grob- und Feinmotorik, Lateralität, Wahrnehmung und Körperschema Beobachtungs- und Bewertungsmöglichkeiten an, die zumindest einen groben Überblick über die gestörten Funktionen erlauben. Aufgrund dieser Hinweise ist es dann z.B. möglich, gezielt verschiedene Fachleute wie Kinderärzte für Neurologie, Krankengymnasten oder Ergotherapeuten anzusprechen und um eine weitere Abklärung und ggf. Therapie zu bitten.

Der Nachweis einer minimalen cerebralen Bewegungsstörung hat aber auch Auswirkungen auf die Planung der Therapie bzw. der schulischen Förderung des Kindes. Es sollte nach Möglichkeit eine psychomotorische bzw. motopädagogische Förderung (meist nur außerhalb des Unterrichts möglich) erfolgen. Auch die Hippotherapie[7] kann, wenn sie von geschultem Personal durchgeführt wird, für das Kind mit einer minimalen cerebralen Bewegungsstörung sehr von Vorteil sein.

Im Bereich des Elementarunterrichts selbst gibt es verschiedene gezielte Hilfestellungen und Fördermöglichkeiten[8].

---

[7] Therapeutische Behandlung mit dem Pferd. Siehe auch den Aufsatz über heilpädagogisches Voltigieren von A. Schmidtke 1988. Weitere Literatur zur Hippotherapie im Literaturverzeichnis.

[8] Vgl. z.B. Brand/Breitenbach/Maisel 1988, Integrationsstörungen, sowie die Handreichungen des Staatsinstituts für Schulpädagogik und Bildungsforschung in München für Diagnose- und Förderklassen von 1989.

4. Beobachtbare Leistungsbereiche und deren Gewichtung

Zu welchen Leistungsbereichen sind Beobachtungen möglich[1] und wie sind sie gewichtet?

- 29 unterschiedliche grobmotorische Leistungen werden überprüft,
- 16 feinmotorische Leistungen von Auge, Hand, Fuß und Mund,
- in 9 Situationen kann der Stand der Bilateralintegration beobachtet werden,
- 17 mal wird die Leistungs- bzw. Präferenzdominanz von Hand, Auge, Ohr und Bein bzw. Fuß überprüft,
- 11 Situationen geben den Stand der visuellen, auditiven, taktilen und vestibulären Wahrnehmung wieder,
- 5 erfordern verschiedene Gedächtnisleistungen,
- 2 überprüfen das Körperschema.

4.1 Zur Begründung der Häufigkeitsverteilung

Wie schon im theoretischen Teil ausgeführt, liegt ein Schwerpunkt des Beobachtungsverfahrens in der Überprüfung, ob bei einer auffälligen Grobmotorik eine minimale cerebrale Bewegungsstörung vorliegt.

Daher wird der *grobmotorische Bereich* mit 29 Beobachtungsmöglichkeiten am umfassendsten untersucht.

So wird z.B. Wert auf die Überprüfung von *Tonusanomalien* gelegt: reagieren bestimmte Muskelgruppen in ihrer Spannung unangemessen, spannen sich zu sehr (Hypertonus) oder zu wenig (Hypotonus) an?

Einen indirekten Hinweis auf den Zustand der cerebralen Verarbeitung geben auch die *Nicht-Integrierten-Reaktionen,* die beim Einnehmen bestimmter Körperhaltungen auftreten, weil die primitiven Haltungs- und Stellreaktionen durch die im Gehirn übergeordneten Zentren aufgrund deren Schädigung oder mangelhaften Reifung nicht unterdrückt werden können.

Einen weiteren Hinweis geben sogenannte *assoziierte tonische Reaktionen.* Dies sind verkrampfte Bewegungen bzw. Anspannungen der gegen-

[1] Zur besseren Veranschaulichung siehe auch die Auflistung im Profilbogen, im Anhang.

überliegenden Körperseite, die auftreten können, wenn z.B. die andere Hand unter Kraftanstrengung oder mit Konzentration eine Bewegung ausführt[2].

Schließlich wird die Beobachtung gezielt auf mögliche *Seitendifferenzen* gelenkt, die auch von einem sog. Hemisyndrom aufgrund einer anatomischen Schädigung herrühren können und zu unterscheiden sind von der Betonung einer Körperseite aufgrund der Entwicklung der Lateralität.

Zur Überprüfung der Grobmotorik gehört als letztes die Beobachtung der *Gleichgewichtsreaktionen,* deren eine Voraussetzung die vestibuläre Wahrnehmung ist .

Die Überprüfung der Grobmotorik wird ergänzt durch die der *Feinmotorik* bzw. der feinmotorischen Koordination in 16 Beobachtungsmöglichkeiten.

Damit sind zugleich eine Fülle von Beobachtungssituationen gegeben, die sich auch zur Überprüfung der *Bilateralintegration* (wie z.B. beherrschte Bewegungsmuster sowie die Fähigkeit, die Körpermittellinie zu überqueren) wie auch zur Sammlung von Informationen über die *Lateralisierung,* also die Ausprägung einer Dominanz von Hand, Auge und Fuß eignen.

Hiermit ist die motorische Seite des Regelkreises von Wahrnehmung und Bewegung ausreichend abgedeckt.

Welchen Stellenwert haben die *Wahrnehmungsfunktionen* in dem Screeningverfahren?

Die perzeptive Seite des Regelkreises wird mit 11 Beurteilungsmöglichkeiten erfaßt, wobei die meisten zur *visuellen Wahrnehmung* gehören, was der Bedeutung der visuellen Wahrnehmung in unserem Gesellschaftssystem und vor allem Schulsystem Rechnung trägt.

2 Leistungen der *auditiven Wahrnehmung,* des zweitwichtigsten Wahrnehmungskanals sowie 4 Leistungen des auditiven Gedächtnisses, können beurteilt werden.

Die *vestibuläre Wahrnehmung* wird in zwei, die *taktile Wahrnehmung* wird direkt nur in einer Beobachtungssituation untersucht. Allerdings gehen die taktile wie auch die kinästhetische Wahrnehmung indirekt als Leistung in eine Reihe von Beobachtungssituationen ein, ebenso wie die vestibuläre Wahrnehmung zugleich Grundlage sämtlicher Gleichgewichtsleistungen ist.

---

[2] Sie unterscheiden sich von den lockeren, entspannten Mit- oder Spiegelbewegungen, die bis zu einem Alter von 10 Jahren normal sind und mit '0' (unauffällig) bewertet werden. Die assoziierten tonischen Reaktionen dagegen werden mit der Stufe 2 (grob auffällig) bewertet.

Die Ungleichgewichtigkeit zwischen der Anzahl motorischer und der sensorischer Überprüfungsmöglichkeiten trägt dem Umstand Rechnung, daß das Märchen nicht unnötig aufgebläht werden sollte. Um einen ersten Eindruck von der sensorischen Leistungsfähigkeit eines Kindes zu bekommen, reichen die in dem Screening-Verfahren enthaltenen Beobachtungsmöglichkeiten voll aus. Ergibt diese Überprüfung, daß die Schwierigkeiten v.a. aus dem sensorischen Bereich herrühren, so kann für eine genauere Abklärung z.B. zu Testverfahren wie dem FEW (visuelle Wahrnehmung) von Frostig (Lockowandt 1979) oder dem DIAS (auditive Wahrnehmung) von Eggert (1992) gegriffen werden.

5. Märchenlogik

(Die Nummern verweisen auf die Anordnung der entsprechenden Beobachtungssituation im Screening-Verfahren. Vgl. Kap. 7).

Wichtig ist eine *Anwärmphase*. Die Kinder sollen sich gegenseitig sowie den Testleiter und den Kameramann kennenlernen können. Jeder soll kurz einmal die Kamera führen und die anderen aufnehmen dürfen, um Berührungsängste zu verlieren.

Dann beginnt das Märchen und die Kamera nimmt auf.

Märchen

Die Kinder werden gefragt, ob sie bereit sind, einer Prinzessin mit Namen Pfiffigunde zu helfen, mit den Drachen, die in ihrem Land wüten, Frieden zu schließen. Wenn sie sich einverstanden erklären, ziehen sie einen Teil ihrer Kleidung aus und legen feuerfeste Rüstungen an (1).

Danach setzen sie sich ganz gerade hin, um Prinzessin Pfiffigunde würdig zu empfangen (2).

Prinzessin Pfiffigunde erscheint. Sie stellt sich vor und fragt die Kinder, wie sie heißen, wie alt sie sind und ob sie schon zur Schule gehen. Dann bittet sie die Kinder, ihr zu helfen. In ihrem Land gibt es eine Drachenfamilie, die die Blumen zertrampelt, das Gemüse auffrißt und die kleinen Kinder erschreckt. Die Kinder sollen Pfiffigundes Ritter werden, den Weg zum Drachenschloß suchen und dann mit den Drachen verhandeln.

Pfiffigunde gibt jedem Ritter einige Goldstücke mit (3). Dann bittet sie die Ritter, ihr zu zeigen, wie stark sie sind, ob sie nämlich ein Blatt Papier mit der Hand zerknüllen können (4). Zur Sicherheit will sie aber die Fee bitten, den Rittern Zauberkräfte gegen die Drachen zu verleihen.

Mit einem Zauberspruch rufen die Ritter die Fee herbei (5).

Die Fee hilft ihnen: Sie läßt aus dem Zauberstab, den jeder Ritter fest anschauen muß (6), Zauberkraft heraus- und in das Kind hineinfließen.

Die Fee verrät den Kindern auch, daß sie zuerst das Krokodil aufsuchen müssen, damit es den Kindern sagt, womit sie die Drachen besänftigen können.

Bis zum Krokodil ist es aber noch ein weiter Weg.

Zuerst müssen die Ritter sich Zauberseile beschaffen, mit denen sie das Krokodil fesseln können, damit es sich nicht befreien und die Ritter fressen kann.

Sie finden die Zauberseile, die verschlungen auf dem Boden liegen. Jeder Ritter soll in dem Knäuel nur sein eigenes Seil anfassen und herausziehen. Zur Vorsicht üben sie erst einmal auf dem Papier (7). Sobald sie sich ihr Zauberseil erobert haben (8), machen sie sich auf den Weg zum Krokodil.

Der Weg führt durch einen Sumpf, den sie mit Hilfe eines Baumstamms überqueren (9) und durch einen See, den sie leise durchschwimmen (10). Bevor sie auf das Krokodil treffen, zeigt ihnen Pfiffigunde, wie sie das Krokodil hypnotisieren können (11), damit es sich überhaupt fesseln läßt.

Als sie das Krokodil erblicken, beginnen jeweils zwei Ritter es zu hypnotisieren und der Dritte fesselt es mit einer Schleife oder einem Knoten (12). So dreifach gefesselt muß sich das Krokodil ergeben.

Es verrät den Kindern, daß die Drachen mit Geschenken besänftigt werden können. Die Drachenmama z.B. würde sich über Stoffe, aus denen sie sich Handschuhe für ihre scharfen Krallen nähen kann, sehr freuen. Die Drachenkinder wünschen sich schon seit langem ihre Lieblingsspielzeuge zurück, die der Riese gestohlen hat. Und der Drachenvater ist ein Kunstliebhaber und würde sich vermutlich über Bilder freuen, die er an die Wände des Drachenschlosses hängen kann.

Das Krokodil verrät den Rittern auch, wie sie zu Stoffstücken für Handschuhe als Geschenk für die Drachenmama kommen. Es zeigt den Rittern Kästen mit Vorhängen, hinter denen jeder Ritter mit seinem Tastsinn zwei gleiche Stoffstücke herausfinden kann (13).

Sobald alle Ritter die Geschenke für die Drachenmama in Händen haben, teilt ihnen das Krokodil mit, daß sie nun den Weg zum Riesen herausfinden müssen, der die Spielzeuge des Drachenkindes besitzt. Den Weg soll ihnen die Zauberlandkarte weisen. Daraufhin befreien die Ritter das Krokodil.

Die Ritter schauen durch die Zauberlandkarte erst in ein Auge des Spielleiters, dann in das Auge der Kamera (14) und bekommen dort ein bestimmtes Zeichen gezeigt, das sie sich merken sollen. Dann werden sie zu Scheiben geführt, wo sie auf einer ihr Zeichen wiedererkennen (15). Diese Scheibe wird nun von ihnen mit dem Fuß zu einem Ziel geschoben, wo sie je einen Teil der Wegbeschreibung zum Riesen erfahren (16).

Die Wegbeschreibung verlangt, daß sie erst zu einem bestimmten Berg hüpfen (17) und von diesem herunterspringen sollen (18). Dann sind sie so nahe bei der Höhle des Riesen, daß Pfiffigunde ihnen rät, auf Zehenspitzen zu gehen (19), damit der Riese sie ebenfalls für möglichst groß hält, falls er sie sieht.

Sobald die Ritter bei dem Riesen ankommen, rufen sie ihn. Sie sagen ihm, daß sie von seinem Diebstahl wissen und fordern ihn auf, die Spielsachen herauszugeben.

Der Riese verlangt als Gegenleistung, daß die Ritter ihm bei der Lösung einer Aufgabe helfen sollen. Nachdem die Ritter die Aufgabe gelöst haben (20), macht der Riese weitere Ausflüchte. Er schämt sich so sehr, gestohlen zu haben, daß er den Rittern nur von weitem zuflüstert (21), was er gestohlen hat. Schließlich verlangt er, daß die Ritter mit geschlossenen Augen und ausgestreckten Armen warten sollen (22), bis er das Spielzeug in ihre Hände legt. Endlich ist es soweit. Damit haben die Ritter auch die Geschenke für das Drachenkind beisammen. Nun fehlt nur noch das Geschenk für den Drachenvater.

Nach der Höhle des Riesen beginnt das Drachenland. Bevor sie dies betreten, müssen die Ritter sich einen Ausweis malen (23), um auch wieder aus dem Drachenland herausgelassen zu werden. Dann gehen sie rückwärts hinein (24), da sie das Drachenland erst noch nicht sehen dürfen.

Auf dem weiteren Weg begegnen sie der blinden Hexe, die nicht wissen soll, daß sie Menschen sind, – sonst würde sie sie verzaubern. Deshalb spiegeln sie der Hexe vor, sie seien das Drachenkind und krabbeln auf sie zu (25). Die Hexe füttert jeden Ritter mit 2 Drachenplätzchen (26a), denkt also, das Drachenkind käme dreimal zu ihr. Da Drachenplätzchen für Menschen giftig sind, dürfen die Ritter diese zwar in den Mund nehmen, aber nicht herunterschlucken, sondern müssen sie auf den Boden fallen lassen (26b). Schließlich wandert die Hexe weiter.

Als die Ritter sich die Plätzchen genauer ansehen, entdecken sie, daß innerhalb der Plätzchen verschiedene Bilder versteckt sind. Nachdem die Ritter sie bemalt und richtig sortiert haben (27a-c), sind sie als Geschenk für den Drachenvater gerade richtig.

Nun erreichen die Kinder das Drachenschloß. Vor dem Schloßtor hält ein Räuber Wache, der aber durch Zauberkreise, die die Ritter in die Luft malen, einschläft (28). Zur Vorsicht legen Sie jetzt leise die Goldstücke rund um den Räuber aus, und, damit der Räuber sich ganz sicher fühlt, tun auch die Kinder so, als ob sie eingeschlafen wären (29).

Pfiffigunde gibt den Rittern noch einen guten Tip mit auf den Weg: Wenn die Ritter sich von den Drachen bedroht fühlen, sollen sie sich die Lippen lecken (30). Dann denken die Drachen, daß die Ritter gekommen sind, um sich Drachenfleisch zu besorgen und haben selbst Angst.

Damit die Drachen überrascht werden können und nicht gleich Menschenluft riechen, soll das Tor nur ganz wenig aufgemacht werden (31).

Endlich sind die Ritter im Schloß und treffen auf die Drachen.

Von dieser Stelle ab sind keine Beobachtungen mehr vorgesehen und das Märchen kann frei weitergespielt werden.

Ich beende das Märchen zum Beispiel so, daß die Ritter ihre Geschenke an die Drachen verteilen und die Drachen dadurch freundlich stimmen. Als die Ritter und Prinzessin Pfiffigunde erzählen, daß sich alle vor den Drachen fürchten, versprechen die Drachen, keine Kinder mehr zu erschrekken und auch nicht mehr von fremdem Blumenkohl zu fressen. Schließlich werden die Ritter von Pfiffigunde zu Ehrenrittern geschlagen und bekommen eine kleine Anerkennung (z.B. einen Drachensticker).

Abb.: Eine Szene vom Schluß des Märchens: Marie wird zur Ehrenritterin geschlagen.

6. Hinweise zur Durchführung der *„Diagnostik mit Pfiffigunde“*

6.1 Vorteile einer filmischen Aufzeichnung, Alternativen

Es gibt zwei[1] Möglichkeiten, das Screening-Verfahren durchzuführen.

Jedesmal werden zwei Personen benötigt: Eine Person spielt die Puppen, die zweite Person bedient die Videokamera *oder* beurteilt während des Spiels die Leistungen der Kinder. Der 'Beurteiler' sollte derjenige sein, der z.B. als Lehrer das Kind vorwiegend betreut und an den Ergebnissen am meisten interessiert ist.

Ich würde die zweite Möglichkeit der sofort erfolgenden Bewertung ohne Videoaufnahme eher als nachrangige Lösung sehen und zwar aus drei Gründen:

1. Der Märchencharakter leidet unter der gleichzeitigen Protokollierung. Die Kinder spüren sofort, daß sie nun beurteilt werden und daß dies womöglich das Hauptziel des Ganzen ist.
2. Sie können sich mit dem Kollegen, der als zweite Person das Spiel mit durchführte, schlechter über die Leistungen der Kinder austauschen. Jedem ist womöglich etwas anderes aufgefallen, was er wichtig fand. Der erste Eindruck ist nicht mehr überprüfbar bzw. korrigierbar. Mögliche Unsicherheiten in der Bewertung können in der Situation nicht zu einem Aufschieben der Bewertung führen – sie muß ad hoc erfolgen.
3. Es ist nicht möglich, außenstehenden Personen zu zeigen, wie die Kinder die Aufgaben gelöst haben. Es ist denkbar, daß Sie zum Beispiel den Eltern zeigen möchten, wo das Kind besondere Hilfestellung benötigt. Oder Sie wollen Kollegen, die das Kind ebenfalls unterrichten bzw. betreuen, zeigen, wo Sie den Hintergrund für verschiedene Probleme des Kindes sehen, um gemeinsam zu beraten, wie das Kind am besten gefördert werden kann. Oder Sie möchten das Kind an 'Fachleute' weitervermitteln, die sich aufgrund der Videoaufnahmen einen ersten Eindruck verschaffen und beurteilen könnten, ob sie dem Kind helfen können.

Auf der anderen Seite gibt es auch Gründe, die für die *Lösung ohne Kamera* sprechen:

1. Anders als an den meisten Sonderschulen und Beratungseinrichtungen steht längst nicht allen Grundschulen oder Kindergärten eine Videokamera zur Verfügung.

[1] In 'Arbeiten mit Pfiffigunde' (Dortmund 1998) wird eine weitere Möglichkeit vorgestellt, die eine Person allein durchführen kann: Sie übernimmt die Spielleitung, die Beobachtungssituationen werden mit einer feststehenden Kamera aufgenommen. Dies macht eine andere Abfolge der Beobachtungssituationen und damit der Märchenlogik nötig.

2. Auch wenn eine Kamera bei der Landesbildstelle oder Mitschauanlage etc. ausgeliehen werden kann, muß man einige Übung haben, um auf den Film tatsächlich das zu 'bannen', was gerade gefordert ist. (Wer sich hier einarbeiten möchte, findet bei den Kopiervorlagen auch einen Spickzettel für den Kameramann, der einige wertvolle Hinweise für Kameraeinstellungen enthält.)
3. Die Durchführung ohne Kamera ist kostengünstiger und weniger aufwendig.

Bei einer Durchführung *ohne* die Kamera sollten Sie aber folgendes berücksichtigen:

- Sie sollten vorher mit den Kindern, die Sie bewerten wollen, sprechen und ihnen erklären, daß das Märchenspiel zweifach interessant ist: einmal für die Kinder, die verschiedene *Abenteuer mit Pfiffigunde* erleben dürfen und einmal für Sie, da Sie sich ansehen und aufschreiben wollen, wie die Kinder die verschiedenen Aufgaben lösen. Dies kann allerdings bei Kindern, die streßempfänglich und leicht ablenkbar sind, zu den genannten Irritationen führen.
- Wenn Sie die Möglichkeit haben, sich eine Kamera auszuleihen, sollten Sie dies zumindest in der Anfangsphase, wenn Sie beginnen, mit dem Screening-Verfahren zu arbeiten, nutzen. Beobachten will gelernt sein und die Kamera schult Sie, indem Sie beliebig oft eine Szene wiederholen oder mit dem Standbild zur genauen Analyse einfrieren können.

Vielleicht gibt es für Sie auch die Möglichkeit, mit einer Einrichtung wie z.B. einer Beratungsstelle dahingehend zusammenzuarbeiten, daß ein Mitarbeiter dieser Einrichtung die Aufnahmen macht und Sie das Märchen durchführen. Das hätte zugleich den Vorteil, daß Sie mit einem kompetenten Gesprächspartner die Ergebnisse durchsprechen und Förderungsmaßnahmen planen können.

6.2 Möglichkeiten einer Teilung und ggf. Kürzung des Beobachtungsverfahrens

Das gesamte Märchen dauert bei gleichzeitiger Testung von 3 Kindern ca. 1 $^1/_2$ Stunden, kann aber auch in 2 oder 3 Etappen gespielt werden.

Es besteht die Möglichkeit, das Märchen an folgenden drei Stellen zu teilen:

- Beobachtungssituation 1 bis 13 einschließlich, wo die Ritter mit Hilfe des Krokodils die ersten Geschenke bekommen, die für die Drachenmama bestimmt sind,

- Beobachtungssituation 14 bis 22 einschließlich, wo der Riese den Rittern das Spielzeug des Drachenkindes wiedergibt, sodaß sie auch die Geschenke für das Drachenkind beisammen haben,

- Beobachtungssituation 23 bis zum Schluß des Märchens. In dieser Phase finden die Ritter die Geschenke für den Drachenvater und legen den letzten Teil des Weges zum Schloß zurück.

Der Schluß enthält gewissermaßen die Auflösung und könnte, nachdem er von der Märchenlogik her entsprechend zugeschnitten wurde, auch direkt an Teil 1 oder 2 angehängt werden, da er keine zu bewertenden Situationen mehr enthält.

Über die dadurch gegebene Verteilung der Bereiche gibt folgende Tabelle Aufschluß:

Beobachtungssituationen	**Teil 1** 1– 13	**Teil 2** 14 – 22	**Teil 3** 23 – Ende
Grobmotorik	7	**14**	8
Feinmotorik	**11**	2	3
Körperschema	–	–	**2**
Gedächtnis	**3**	2	–
Bilateralintegration	3	1	**5**
Lateralität	**9**	6	3
Wahrnehmung	4	3	**4**
Gesamt	37	28	25

Die Teile, in denen die jeweiligen Bereiche am intensivsten abgefragt werden, sind fett gedruckt.

- Teil 1 untersucht v.a. Feinmotorik, Lateralität und Gedächtnis,
- in Teil 2 liegt der Schwerpunkt auf der Grobmotorik, weiterhin wird zweifach das Gedächtnis überprüft,
- nur in Teil 3 wird das Körperschema untersucht; die Bilateralintegration sowie die visuelle und vestibuläre Wahrnehmung sind weitere Schwerpunkte.

Will man nur einen oder zwei Teile durchführen, muß die Märchenlogik, v.a. Beginn und Ende des Märchens, entsprechend angepaßt werden. Dann leben zum Beispiel nur ein oder zwei Drachen in dem Schloß und bekommen die Geschenke, die die Ritter ihnen mitbringen.

6.3 Vorgehen bei der Bewertung

Sie benötigen dazu die Kopie eines Beobachtungsbogens (Kopiervorlage im Anhang), sowie die 'Chronologische Darstellung der Beobachtungssituationen' (Kap. 8.2).
Beobachten Sie im Videofilm oder direkt während der Durchführung des Beobachtungsverfahrens das gezeigte Verhalten des Kindes.
Lesen Sie dazu vorher **die Beobachtungshinweise**, die zu dieser Beobachtungssituation bzw. **NUMMER** gehören.
Beurteilen Sie anhand der in der dazugehörigen **Bewertung** angegebenen Kriterien die Leistung des Kindes und tragen Sie sie chronologisch in den kopierten Beobachtungsbogen ein.
Übertragen Sie später die Bewertungen in einen kopierten Profilbogen (vgl. Kopiervorlagen im Anhang). Nun können Sie sehen, in welchen motorischen und perzeptiven Bereichen das Kind seine Stärken und Schwächen hat, bzw. wie seine Lateralität ausgebildet ist etc.

6.4 Letzte Tips für den Spielleiter (SL)

- Der SL könnte selbst Prinzessin Pfiffigunde (mit Krönchen) sein. Dadurch wäre nicht immer eine Hand durch eine Handpuppe besetzt. Sobald der SL eine Handpuppe aufnimmt, ist er diese Person.
- Vor Beginn der Überprüfung die Nummern der Beobachtungssituationen mit Kreide auf den Boden malen.
- Von Anfang an sich daran gewöhnen, laut zu sprechen!
- Nicht zu schnell den Rittern Hilfe anbieten; sie sollen sich schon etwas anstrengen.
- Nur einmal korrigieren bzw. Instruktion wiederholen. Wenn das Kind danach die Aufgabe immer noch nicht lösen kann, ist dies diagnostisch bedeutsam und wird entsprechend bewertet.
- Ist zu vermuten, daß das Kind die Instruktion trotz einfacher Wortwahl nicht versteht, soll die Übung vorgemacht werden oder man läßt von vornherein ein anderes Kind anfangen, das beobachtet werden kann.
- Kreative Kinder könnten, aber wollen manchmal die Aufgabe nicht wie vorgesehen erfüllen. Anregungen dieser Kinder, wie diese Aufgabe auch gelöst werden könnte, sollte man möglichst aufgreifen, ohne auf die Überprüfung der jeweiligen Leistung zu verzichten. Andere Kinder wollen es gar nicht erst probieren, weil sie ihr Versagen antizipieren. Diese Situationen erfordern pädagogisches Fingerspitzengefühl. Es sollte gleich zu Beginn eine Atmosphäre geschaffen werden, in der die Ritter „ihr Bestes" geben wollen, – in der das Annehmen von Hilfe aber nicht als Eingeständnis von Versagen erscheint.

7. Kurzer Überblick über die Beobachtungssituationen

Dies Kapitel dient dem chronologischen Kurzüberblick über die Beobachtungssituationen. Aufgeführt werden nur NUMMER, ITEM und HANDLUNG.

Es erleichtert bei Planungen, Umstellungen etc. die Visualisierung des Verfahrens.

NUMMER	Hier steht die laufende Nummer der entsprechenden Beobachtungssituation im Screening-Verfahren. Mit dieser lfd. Nummer sind auch alle weiteren Informationen gekennzeichnet, die sich auf die Beobachtungssituation beziehen.
ITEM	'Item' gibt das Thema/die Themen an, zu dem die Beobachtungen vorrangig gesammelt werden sollen (Beobachtungsgegenstand, Aufgabe, Thema).
HANDLUNG	'Handlung' ist die deskriptive Ebene, die jeder sehen kann (im Unterschied zur eher analytischen Ebene 'Item').

NUMMER	**1**
ITEM	Grobmotorische Koordination
HANDLUNG	Ausziehen und Ritterrüstungen anlegen

NUMMER	**2**
ITEM	Muskelspannung (Langsitz)
HANDLUNG	Für Pfiffigunde geradesitzen

NUMMER	**3**
ITEM	Auge-Hand-Koordination, Pinzettengriff, Präferenzdominanz (Hand), Bilateralintegration (Körpermittellinie kreuzen)
HANDLUNG	Geldstücke auflesen

NUMMER	**4**
ITEM	Mitbewegungen, Leistungs- und Präferenzdominanz (Hand), feinmotorische Koordination
HANDLUNG	Papier zerknüllen

NUMMER	**5**
ITEM	Auditives Kurzzeitgedächtnis (verbale Erfassungsspanne, sequentielle Speicherung), auditive Differenzierung
HANDLUNG	Zauberspruch nachsprechen
NUMMER	**6**
ITEM	Augenmotorik, Präferenzdominanz (Hand), Auge-Hand-Koordination
HANDLUNG	Kraft des Zauberstabs aufnehmen
NUMMER	**7**
ITEM	Auge-Hand-Koordination, Graphomotorik, Bilateralintegration, Präferenzdominanz (Hand), visuelle Figur-Grund-Wahrnehmung
HANDLUNG	Linie auf dem Papier markieren
NUMMER	**8**
ITEM	Augenmotorik, visuelle Figur-Grund-Wahrnehmung, Präferenzdominanz (Hand)
HANDLUNG	Eigenes Zauberseil herausfinden
NUMMER	**9**
ITEM	Gleichgewicht, Muskelspannung, Präferenzdominanz (Fuß)
HANDLUNG	Über den Baumstamm balancieren
NUMMER	**10**
ITEM	Bilateralintegration (simultanes Bewegungsmuster), Seitendifferenz/Asymmetrien
HANDLUNG	Brustschwimmen
NUMMER	**11**
ITEM	Handmotorik, Mitbewegungen, Präferenzdominanz (Hand)
HANDLUNG	Krokodil verzaubern
NUMMER	**12**
ITEM	Handmotorik
HANDLUNG	Schleife oder Knoten binden
NUMMER	**13**
ITEM	Taktile Differenzierung, Präferenzdominanz (Hand)
HANDLUNG	Unter verschiedenen Stoffstücken ein zusammenpassendes Paar heraussuchen

NUMMER	**14**
ITEM	Präferenzdominanz (Auge)
HANDLUNG	Durch die Zauberlandkarte sehen, ein Zeichen erblikken und merken

NUMMER	**15**
ITEM	Visuelles Kurzzeitgedächtnis
HANDLUNG	Zeichen wiedererkennen

NUMMER	**16**
ITEM	Präferenzdominanz (Fuß), Gleichgewicht, Feinmotorik des Fußes
HANDLUNG	Scheibe auf Strich vorwärts schieben

NUMMER	**17**
ITEM	Leistungsdominanz (Bein/Fuß), Seitendifferenz/Asymmetrien (Arme, Beine), Muskelspannung, Gleichgewicht, grobmotorische Koordination
HANDLUNG	Auf jedem Bein mehrmals hüpfen

NUMMER	**18**
ITEM	Bilateralintegration (simultanes Bewegungsmuster), Muskelspannung, Seitendifferenz/Asymmetrie (Arme)
HANDLUNG	Vom Berg springen im Schlußsprung

NUMMER	**19**
ITEM	Muskelspannung, Mitbewegungen, Gleichgewicht, Seitendifferenz/Asymmetrien
HANDLUNG	Kinder nähern sich im Zehengang dem Riesen

NUMMER	**20**
ITEM	Raumlage, Präferenzdominanz (Hand), Graphomotorik
HANDLUNG	Die Kinder helfen dem Riesen bei einer Aufgabe

NUMMER	**21**
ITEM	Hörprüfung, Präferenzdominanz (Ohr)
HANDLUNG	Der Riese flüstert den Rittern etwas zu

NUMMER	**22**
ITEM	Gleichgewicht/vestibuläre Wahrnehmung, Seitendifferenz/Asymmetrien, auditives Kurzzeitgedächtnis
HANDLUNG	Die Ritter warten mit verbundenen Augen

NUMMER	**23**
ITEM	Graphomotorik, Präferenzdominanz (Hand), Körperschema
HANDLUNG	Die Ritter malen sich Ausweise
NUMMER	**24**
ITEM	Gleichgewicht, Vestibuläre Wahrnehmung, Seitendifferenz/Asymmetrien, Mitbewegungen
HANDLUNG	Rückwärts balancieren
NUMMER	**25**
ITEM	Bilateralintegration (kreuzkoordiniertes Bewegungsmuster), Nicht-integrierte-Reaktion (Faustschluß)
HANDLUNG	Auf die blinde Hexe zukrabbeln
NUMMER	**26**
ITEM	ATNR und STNR (asymmetrisch-tonische und symmetrisch-tonische Nackenreaktion)
HANDLUNG	Die Ritter werden von der Hexe mit Plätzchen gefüttert
NUMMER	**27**
ITEM	Visuelle Figur-Grund-Wahrnehmung, Graphomotorik
HANDLUNG	Aus den Plätzchen wird Kunst für den Drachenvater
NUMMER	**28**
ITEM	Bilateralintegration, Leistungsdominanz (Hand)
HANDLUNG	Einschläfern des Wächters
NUMMER	**29**
ITEM	Bilateralintegration (homolaterales Bewegungsmuster)
HANDLUNG	Die Ritter geben vor, zu schlafen
NUMMER	**30**
ITEM	Mundmotorik, Mitbewegungen
HANDLUNG	Die Drachen werden abgeschreckt
NUMMER	**31**
ITEM	Körperschema
HANDLUNG	Die Ritter schlüpfen durch's Drachenschloßtor

8. Ausführliche Darstellung der Beobachtungssituationen

8.1 Erläuterung der verwendeten Kategorien

NUMMER	Hier steht die laufende Nummer der entsprechenden Beobachtungssituation im Sreening-Verfahren. Mit dieser lfd. Nummer sind auch alle weiteren Informationen gekennzeichnet, die sich auf die Beobachtungssituation beziehen.
ITEM	'Item' gibt das Thema/die Themen an, zu dem die Beobachtungen vorrangig gesammelt werden sollen (Beobachtungsgegenstand, Aufgabe, Thema).
HANDLUNG	'Handlung' ist die deskriptive Ebene, die jeder sehen kann (im Unterschied zur eher analytischen Ebene 'Item').
Märchenlogik	Das Beobachtungsverfahren hat eine eigene Märchenlogik, die man berücksichtigen muß, um die richtigen Instruktionen zu geben. Jede Szene hat ihren eigenen instrumentellen Wert für das gesamte Märchen.
Instruktion	Es ist nur der Teil der Instruktion angegeben, der sich auf das Item bezieht. Dieser Teil muß eingebettet werden in die Märchenlogik, die wie ein roter Faden durch das Märchen führt. Dieser Rahmen (vgl. Kap. 5) muß ebenfalls miterzählt werden, was aber in eigenen Worten geschehen sollte. Hinweise, die nicht mitgesprochen werden, stehen in Klammern. Die Instruktion selbst, die in wörtlicher Rede an die Ritter zu richten ist, ist ohne Klammern gesetzt.
Beobachtungshinweise	Es werden Hinweise zum Erscheinungsbild und zum Hintergrund von Störungen gegeben. Weiterhin wird ausgeführt, worauf bei der Beobachtung der Kinder geachtet werden muß, um zu einer sachgerechten Bewertung zu kommen.
Literaturhinweise	Der Interessierte bekommt Hinweise, wo v.a. in der Schwerpunktliteratur[1] etwas über diese oder eine ähnliche Beobachtungssituation gesagt wird.

Material Das für diese Szene benötigte Material wird angegeben.

Bewertung In der Kategorie 'Bewertung' werden die Kriterien für eine bestimmte Beurteilung definiert.

Die Bewertungen werden in den Beobachtungsbogen eingetragen und später zur Erstellung eines individuellen Profils in den Profilbogen übernommen (vgl. Kopiervorlagen im Anhang).

---

[1] Den Begriff Schwerpunktliteratur verwende ich für drei Bücher, denen ich wichtige Anregungen bei der Entwicklung des Beobachtungsverfahrens verdanke:

- Brand, I./Breitenbach, E./Maisel, V.: Integrationsstörungen, Würzburg 1988;
- Ruf-Bächtiger, L.: Das frühkindliche psychoorganische Syndrom, Stuttgart/New York 1987;
- Touwen, B.C.L.: Die Untersuchung von Kindern mit geringen neurologischen Funktionsstörungen, Stuttgart/New York 1982.

8.2 Chronologische Darstellung der Beobachtungssituationen

NUMMER	**1**
ITEM	**Grobmotorische Koordination**
HANDLUNG	**Ausziehen und Ritterrüstungen anlegen**

Märchenlogik

Die Kinder werden gefragt, ob sie Prinzessin Pfiffigunde helfen wollen.

Wenn die Kinder sich einverstanden erklären, bekommen sie Ritterrüstungen, mit denen sie als Pfiffigundes Ritter erkennbar sind. Da der Weg durch heißes Land und Sümpfe geht, sind die Rüstungen aus durchsichtigem, aber feuerfestem Material.

Instruktion

(An alle:)
Jetzt legt mal eine dieser Rüstungen an, ich helfe Euch dabei. Dafür müßt Ihr Euch die Hose bzw. Rock, Schuhe und Strümpfe ausziehen. (Bei der Planung des Verfahrens die Kinder bitten, Bade- oder Turnhosen mitzubringen, die die Knie aber nicht bedecken dürfen.)

Beobachtungshinweise

Das Aus- und Anziehen ist gut geeignet, um die ***grobmotorische Koordination***, also das Zusammenspiel von Rumpf und Extremitäten zu beobachten. Ist dies Zusammenspiel gestört bzw. kommt es nicht zu einem flüssigen Bewegungsablauf, kann der Grund in einer Dyspraxie liegen, also der Unfähigkeit, komplexere Handlungsabläufe zu planen und durchzuführen. Dies sieht man daran, daß die Bewegungen des Kindes ungeschickt, unrationell und energieraubend sind. Das Kind vertauscht evtl. Kleidungsstücke oder zieht sie verkehrt herum an, bewegt sich deutlich verlangsamt, legt viele Pausen ein und kleidet sich nur ungern aus.

Grundlage der Dyspraxie können Körperschemastörungen, sowie Störungen in der Wahrnehmungsverarbeitung von propriozeptiven, taktilen und vestibulären Reizen sein.

Literatur-hinweise	Ruf-Bächtiger 1987, 40 f. Brand/Breitenbach/Maisel 1988, 51, 70f., 110 Zur Problematik des Ausziehens: Touwen 1982, 20
Material	je 1 Rüstung (s. Bastelanleitung)
Bewertung	***Grobmotorische Koordination:***

0 unauffällig: flüssiger, geschickter und zielgerichteter Bewegungsablauf

1 Bewegungsablauf manchmal stockend und verlangsamt

2 Bewegungsablauf unkoordiniert, das Kind benötigt beim Aus- und Ankleiden Hilfestellung

NUMMER	**2**
ITEM	**Muskelspannung (Langsitz)**
HANDLUNG	**Für Pfiffigunde geradesitzen**

Märchenlogik

Die Kinder werden gebeten, auf den versetzt gelegten (für die Videoaufnahmen wichtig!) Teppichfliesen den Langsitz einzunehmen (mit gestreckten Knien), da man sich nicht so hinlümmeln darf, wenn man die Bekanntschaft einer Prinzessin machen will. Dann erscheint Pfiffigunde und erzählt ihnen von ihren Sorgen. Sie fordert die Ritter auf, Mut zu zeigen und zusammenzuhalten. Jeder Ritter soll sich anstrengen, aber wenn er gar nicht mehr weiter weiß, sollen die Ritter sich gegenseitig helfen, denn gemeinsam ist man immer stärker!

Instruktion

(An alle:)
Setzt Euch bitte auf die Teppichfliesen, und zwar in einer besonderen Weise: Weil Pfiffigunde eine Prinzessin ist, möchte ich Euch jetzt bitten, daß Ihr Euch ganz gerade hinsetzt: Rücken gerade, Beine lang, Hände auf die Beine...(Kurze Zeit später evtl. noch einmal:) Sitzt Ihr jetzt alle gerade? (Pfiffigunde erscheint, freut sich, daß die Kinder ihr helfen und ihre Ritter werden wollen und erzählt von ihren Sorgen.)

Beobachtungshinweise

Zeigen die Kinder bei durchgestreckten Knien eine deutliche Rückwärtsbewegung des Beckens und damit einen kompensatorischen Rundrücken und nehmen dabei evtl. den Kopf in den Nacken, so kann der Grund in einer Tonuserhöhung der Beinmuskulatur liegen, als deren Folge Schrumpfungsvorgänge in der Muskulatur auftreten.

Sackt das Kind dagegen nach kurzer Zeit in sich zusammen und zeigt einen Rundrücken mit durchgestreckten Knien (bzw. richtet nach Aufforderung den Rücken auf, behält aber die durchgestreckten Knie bei), verfügt es nur über eine geringe Muskelspannung. Man spricht hier von einer hypotonen Haltung.

Literatur-hinweise	Ruf-Bächtiger 1987, 118 f. Kiphard, Mototherapie II 1983, 175
Material	Prinzessin Sitzmatten
Bewertung	***Muskelspannung:***

2 Kind sitzt mit gestreckten Knien nur mit deutlichem Rundrücken. Streckt es den Rücken, so beugt es die Knie an, nimmt evtl. den Kopf in den Nacken und rotiert die Beine nach innen

1 leichter Rundrücken, bei Aufrichten des Rückens reflektorisches leichtes Beugen der Knie

0 unauffällig, Fußspitzen nach oben gerichtet oder locker nach außen fallend

-1 leichter Rundrücken, bei Aufrichten des Rückens nach Aufforderung kein reflektorisches Beugen der Knie, Füße schlaff

-2 trotz Aufforderung schnelles Wieder-Absacken des Rückens in einen starken Rundrücken, Beine schlaff und Füße nach außen fallend

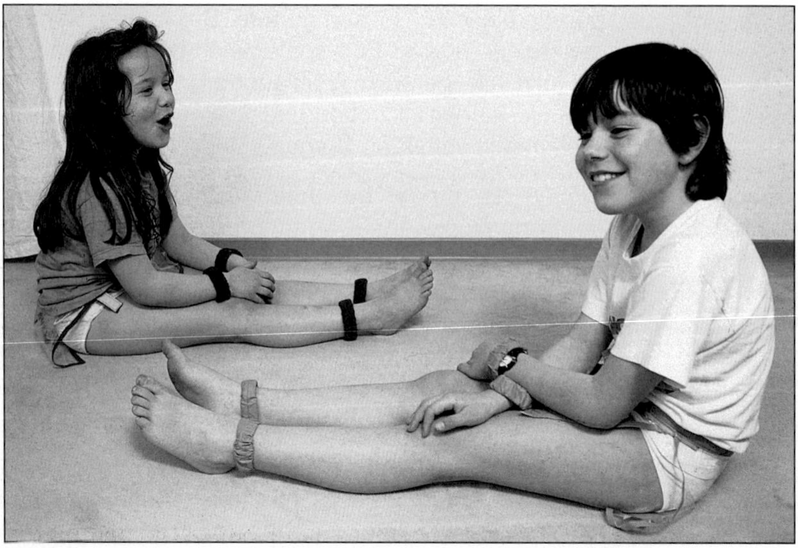

Abb.: Bei Marie wäre die Bewertung '0' zu geben, bei Marco die Bewertung '-1'.

NUMMER	**3**
ITEM	**Auge-Hand-Koordination, Pinzettengriff, Präferenzdominanz (Hand), Körpermittellinie kreuzen (Bilateralintegration)**
HANDLUNG	**Goldstücke auflesen**

Märchenlogik

Pfiffigunde gibt den Rittern Goldstücke mit, welche später vor dem Drachenschloß ausgestreut werden können und so den Räuber, der das Drachenschloß bewacht, von den Rittern ablenken soll.

Instruktion

(Die Kinder nehmen den Fersensitz auf den Sitzmatten ein. Vor dem ersten Kind werden die Goldstücke in einer waagerechten, ca. 60cm langen Reihe ausgelegt. Die Dosen stehen vor der Körpermitte des Ritters, können von ihm aber woanders hin gestellt werden. An dieses Kind:)
Lege die Goldstücke eins nach dem anderen mit einer Hand in die Dose. Fang an einer Seite an.

(Während des Einsammelns der ersten 4 bis 5 Goldstücke das Kind beobachten und ggf. die Instruktion wiederholen bzw. die Körperhaltung korrigieren. Dann beginnen, vor dem nächsten Ritter die Goldstücke auszulegen. Sobald das erste Kind fertig ist, bekommt auch das zweite Kind die Instruktion etc.)

Beobachtungshinweise

Auf die Auge-Hand-Koordination kann gut geschlossen werden, sowohl beim Auflesen der Goldstücke als auch bei den Augensprüngen, die von der Reihe der Goldstücke zur Dose und zurück nötig sind.
Bereits in einem Alter von 9-15 Monaten beherrscht ein normalentwickeltes Kind den ***Pinzettengriff***, mit dem es flache Gegenstände zwischen Daumen und Zeigefinger aufliest. Auch die richtige Stifthaltung beim Malen oder Schreiben setzt den Pinzettengriff voraus, – im anderen Falle würde der Stift z.B. mit der Faust umfaßt. Weiter kann beobachtet werden, welche Hand das Kind spontan benutzt, – also die ***Geschicklichkeitshand*** des Kindes ist, die nicht mit der für grobe Kraft identisch sein muß. Mit dieser Hand sollte das Kind auch schreiben lernen.

Schließlich ist es wichtig, zu beobachten, ob das Kind die Hand wechselt, wenn es vor seiner *Körpermitte* angekommen ist, damit also vermeidet, die Körpermittellinie zu kreuzen. Dies spräche für eine nicht altersgerechte Entwicklung der Koordination beider Gehirn- und damit Körperhälften ***(Bilateralintegration)***.

Literaturhinweise

BRAND/BREITENBACH/MAISEL 1988, 44ff., 60 ff., 115
KIPHARD, Mototherapie II 1983, 192

Material

Beutel mit je 20 Goldstücken (Plättchen oder 5-Pfennig-Stücke)
je 1 Dose

Bewertung

Auge-Hand-Koordination:

0 unauffällig

1 Augen schauen manchmal auf/weg, dennoch agiert die Hand weiter, was zu Unsicherheiten beim richtigen Plazieren der Goldstücke führt. (Bei einer guten kinästhetischen Wahrnehmung kann die Hand auch 'blind' zur Dose geführt werden, v.a. wenn diese von der anderen Hand gehalten wird. Bei hoher Treffsicherheit also die Bewertung 0).

2 s.o., dadurch kommt es wiederholt dazu, daß die Hand Goldstück oder Dose verfehlt

Präferenzdominanz (***Hand*** ankreuzen):

greift mit
links rechts wechselnd

Pinzettengriff:

0	1	2
beherrscht	ansatzweise vorhanden	nicht beherrscht

Bilateralintegration:

0 unauffällig, wechselt nicht die Hand

1 greift nur vor der Körpermitte beidhändig, ansonsten rechts und links von der Körpermitte mit der gleichen Hand

2 wechselt vor der Körpermitte die Hand, agiert vor jeder Körperhälfte mit der zu der Körperhälfte ge-

hörigen Hand; oder: verdreht evtl. den Körper so, daß die Körpermittellinie nicht mehr gekreuzt werden muß

Abb.: Marie greift mit links und erhält im Pinzettengriff und der Bilateralintegration die Bewertung '0'.

NUMMER	**4**
ITEM	**Mitbewegungen, Leistungs- und Präferenzdominanz (Hand), feinmotorische Koordination**
HANDLUNG	**Papier zerknüllen**

Märchenlogik

Die Prinzessin will wissen, ob ihre Ritter stark genug sind, um es mit den Drachen aufnehmen zu können und fordert sie auf, je ein Stück Papier mit der einen, dann der anderen Hand bei gestrecktem Arm zu zerknüllen.

Instruktion

(Die Kinder stehen nebeneinander. An alle:)
Hebt Euren stärkeren Arm hoch... Ich gebe Euch jetzt ein Blatt in die Hand, das Ihr mit ausgestrecktem Arm ganz zerknüllen sollt...Und jetzt noch eins für die andere Hand...

Beobachtungshinweise

Es geht hier darum, die ***Mitbewegungen*** der nicht beteiligten, herabhängenden Hand und des Mundes zu beobachten. Sie sind bis zu einem Alter von ca. 10 Jahren normal und verstärken sich, je mehr das Kind sich anstrengt. Sie sind zu unterscheiden von *assoziierten tonischen Reaktionen,* bei denen die unbeteiligte Hand mit z.T. grotesken Fingerstellungen bzw. Scheinbewegungen verkrampft wird. Eine solche Verkrampfung ist ab dem Schulalter als Zeichen für eine Reifungsverzögerung oder Funktionsstörung übergeordneter motorischer Zentren zu bewerten.

Weiter können wir beobachten, ***welche Hand*** das Kind spontan bevorzugt und mit welcher Hand das Zusammenknüllen besser und schneller gelingt, welche Hand also über eine bessere ***feinmotorische Koordination*** der verschiedenen Muskelgruppen der Hand und der Finger verfügt.

Literaturhinweise

RUF-BÄCHTIGER 1987, 14 f.
BRAND/BREITENBACH/MAISEL 1988, 60f.
TOUWEN 1982, 153ff.

Material

je 2 DIN A4 Blätter

Bewertung

Mitbewegungen:

0 keine Mitbewegungen oder lockere Spiegelbewegungen

1 zweifelhaft, ansatzweise Verkrampfungen von Hand und/oder Mund

2 deutliche assoziierte tonische Reaktionen, also Verkrampfungen von Hand und/oder Mund

Präferenzdominanz (***Hand*** ankreuzen):

nimmt Papier spontan zuerst mit
links rechts zögert

Leistungsdominanz (***Hand*** ankreuzen):

Zusammenknüllen gelingt besser und schneller mit
links rechts kein Unterschied

Feinmotorische Koordination (bei dominanter ***Hand***):

0 Blatt kann einhändig ganz zusammengeknüllt werden, ohne eine Pause einzulegen

1 einhändiges Zusammenknüllen des Blattes fällt schwer, Kind benötigt dazu Pausen oder/ und muß den Arm herunternehmen

2 Zusammenknüllen gelingt nicht, oder Kind muß andere Hand/anderen Körperteil zu Hilfe nehmen

5-jährige Kinder eine Stufe besser bewerten, falls nicht Bewertung 0

Abb.: Achten Sie auf Mund und kontralaterale Hand: Bewertung 1 (Mitbewegungen).

NUMMER	**5**
ITEM	**Auditives Kurzzeitgedächtnis (verbale Erfassungsspanne, sequentielle Speicherung), auditive Differenzierung**
HANDLUNG	**Zauberspruch nachsprechen**

Märchenlogik

Mit einem Zauberspruch rufen die Kinder die Fee herbei, die sie noch stärker zaubern soll.

Instruktion

(Die Kinder stehen nebeneinander. An jeden einzelnen nacheinander:) Ich lese Deinen Zauberspruch Stück für Stück vor und Du sprichst ihn mir nach, o.k.?
(...beim Vorsprechen die Sprechvorlage vor den Mund halten, um ein Ablesen von den Lippen zu vermeiden. Ohne Satzmelodie vorlesen, also die Silben nicht unterschiedlich betonen und am Ende nicht die Stimme senken. Tempo: etwa 2 Silben pro Sekunde. Evtl. als Hilfe für impulsive Kinder zu Beginn des Vorsprechens die Hand heben, nach Ende der letzten Silbe senken und das Kind anschauen.)

Beobachtungshinweise

Der Zauberspruch besteht aus 3- bis 6silbigen sinnlosen Wörtern, die reproduziert werden müssen.

Der Leistung des ***auditiven Kurzzeitgedächtnisses*** können bei nicht-korrekter Wiedergabe folgende Schwächen zugrunde liegen:

a) eine zu kleine ***verbale Erfassungsspanne***, – der Umfang des speicherbaren Inhalts ist zu gering. (Wieviel Silben werden richtig oder falsch wiedergegeben?)

b) die ***sequentielle Speicherung,*** also die Erinnerung und Wiedergabe der korrekten Reihenfolge der Silben ist gestört. (Werden Silben vertauscht wiedergegeben?) Mit 6-7 Jahren sollten alle 6 Silben nachgesprochen werden können (Erfahrungswerte).

Gelingt dies dem Kind nicht, so kann es ebenfalls Schwierigkeiten mit dem Lesen haben, bei dem die Silben in der richtigen Reihenfolge zusammengezogen werden müssen.

Weiterhin wäre mit einer nicht altersgemäßen Aufmerksamkeitsleistung im Unterricht zu rechnen. Je komplexer und umfangreicher der Stoff des Unterrichts, desto weniger Stoff kann aufgenommen und reproduziert werden. Wird die Toleranzgrenze überschritten, kann das Aufnahmevermögen sogar ganz zusammenbrechen, so daß nichts mehr verstanden wird.

Zusätzlich kann es Hinweise auf eine ***auditive Differenzierungsschwäche*** geben, also die bereits fehlerhafte Perzeption (Input) und damit auch falsche Wiedergabe einzelner Laute, wobei v.a. sich ähnelnde Konsonanten betroffen sind. (Werden einzelne Laute verändert?)

Achtung: Die nicht-korrekte Wiedergabe der Laute kann auch auf Schwierigkeiten in der Sprachmodulation oder Artikulation (Output) zurückzuführen sein. Eventuelle Stammelprobleme sollten vorher ausgeschlossen worden sein bzw. machen ein aussagekräftiges Ergebnis unmöglich.

Literaturhinweise

Ruf-Bächtiger 1987, 22f.

Material

Vorlage zum Nachsprechen
(s. Kopiervorlage NUMMER 5)

Bewertung

Auditives Kurzzeitgedächtnis:

0 5-6 korrekt nachgesprochene Silben
1 4 korrekt nachgesprochene Silben
2 bis zu 3 korrekt nachgesprochene Silben

Bei 5-jährigen Kindern eine Stufe besser bewerten, falls sie nicht Bewertung 0 erreichen.

Falls hier Bewertung 1 oder 2 vergeben wird und eine differenziertere Analyse für wichtig erachtet wird, kann die Leistung mit den folgenden Kategorien zusätzlich beschrieben werden

a) *Verbale Erfassungsspanne* (*Umfang* des reproduzierten Materials):

0 5-6 richtig nachgesprochene Silben (Konsonanten können leicht verändert sein)

1 4 richtig nachgesprochene Silben (Konsonanten können leicht verändert sein)

2 bis zu 3 richtig nachgesprochene Silben (Konsonanten können leicht verändert sein)

b) Sequentielle Speicherung:

0 die wiedergegebenen Silben (v.a. die Vokale) werden in der richtigen *Reihenfolge* reproduziert

1 1-2 mal werden Silben (v.a. die Vokale) vertauscht, die aber an anderer Stelle in dem Wort vorkommen

2 bei mehr als der Hälfte der vom Kind nachgesprochenen Silben kommen Vertauschungen vor

c) Auditive Differenzierung:

0 die *wiedergegebenen* Silben sind korrekt lautiert nachgesprochen worden

1 zweifelhaft, einzelne Konsonanten wurden verwaschen ausgesprochen

2 auffällig, einzelne Konsonanten wurden gegen ähnlich lautende ausgetauscht

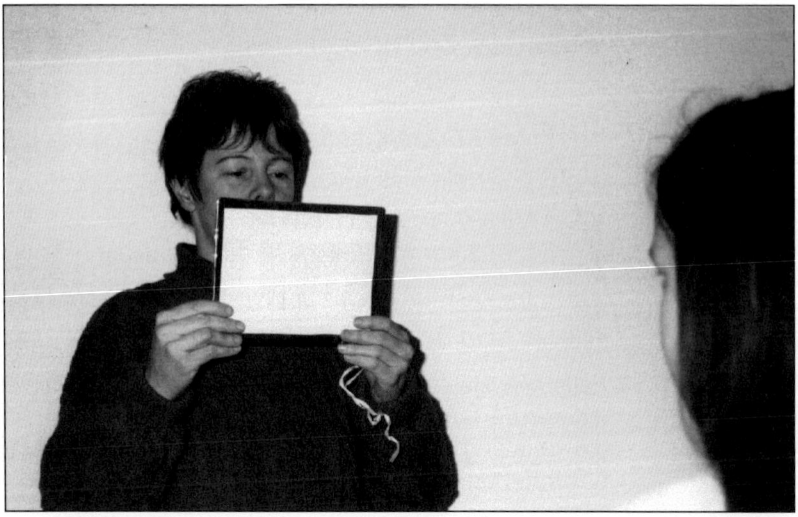

Abb.: Beim Vorlesen des Zauberspruchs soll der Mund verdeckt gehalten werden.

NUMMER	**6**
ITEM	**Augenmotorik, Präferenzdominanz (Hand), Auge-Hand-Koordination**
HANDLUNG	**Kraft des Zauberstabs aufnehmen**

Märchenlogik

Die Fee weiß einen Trick, um die Kinder noch stärker zu machen: Jedes Kind soll mit den Augen bei unbewegtem Kopf die Bewegungen des Zauberstabs verfolgen, damit seine Kraft in das Kind hinüberfließen kann.

Instruktion

(Die Kinder stehen nebeneinander. An jeden einzelnen nacheinander): Die Zauberkraft aus diesem Zauberstab fließt heraus, wenn Du die Spitze ganz fest anschaust, ohne den Kopf zu bewegen.

(Die Fee bewegt den Zauberstab ca. 30cm vom Kind entfernt in der Höhe der Augen des Kindes so, daß ihm die Augen in alle Richtungen bis in die Endstellungen folgen müssen. Ab und zu den Zauberstab plötzlich anhalten.)...Jetzt nimm ihn doch einmal selbst in die Hand und schau seine Spitze an. Streck' den Arm aus und bewege den Stab wieder hin und her und auf und nieder, aber halte den Kopf ruhig ... Spürst Du die Kraft?... (Darauf achten, daß der Stab in der Höhe der Augen bewegt wird, sonst kann die Kamera Augenbewegungen und Stab nicht gleichzeitig erfassen.)

Beobachtungshinweise

Hier bestimmt die ***feinmotorische Koordination der äußeren Augenmuskeln*** über Ausmaß und Qualität der Augenbewegungen. Die Bulbusachsen sollen während des gesamten Bewegungsvorganges parallel bleiben, die Augenbewegungen geschmeidig und nicht ruckhaft sein. Die Augen sollen nicht vorauseilen oder sich überschießend weiterbewegen, wenn der Zauberstab stoppt. Wenn das Kind blinzeln muß oder die Augen Sprünge machen, so sollte genau beobachtet werden, an welcher Stelle dies auftritt, um diese Beobachtung ggf. dem Augenarzt mitteilen zu können.

Die Feinmotorik der äußeren Augenmuskeln ist u.a. für das Lesen- und Schreibenlernen wichtig.

Hat das Kind mit dem fremdbewegten Stift keine visuomotorischen Probleme, kann aber seine eigene Hand- und Augenbewegung nicht synchronisieren, liegt eine Störung der ***Auge-Hand-Koordination*** vor.

Weiter kann die ***spontane Bevorzugung einer Hand*** beobachtet werden.

Literaturhinweise

TOUWEN 1982, 129
BRAND/BREITENBACH/MAISEL 1988, 112
RUF-BÄCHTIGER 1987, 124f.

Material

Fee
Zauberstab (s. Bastelanleitung)

Bewertung

Überprüfung beim fremdbewegten Stab:

Augenmotorik:

0 unauffällig

1 1 Bedingung wurde beobachtet

2 2 bis 4 Bedingungen wurden beobachtet oder: ein Verfolgen war nicht möglich

Bedingungen:

- Bulbusachsen bleiben nicht parallel
- ruckhafte Augenbewegungen, Augensprünge
- häufiges Blinzeln
- mehrfache überschießende Bewegungen der Augen

Überprüfung bei selbstbewegtem Stab:

Auge-Hand-Koordination:

0 unauffällig

1 Augen gehen Handbewegung etwas voraus oder folgen leicht verzögert

2 Augen verlieren den Zauberstab, oder Handbewegungen gehen mehrmals über das Sichtfeld hinaus, keine Synchronität

Präferenzdominanz (***Hand*** ankreuzen):

nimmt Zauberstab spontan mit
links rechts zögert/wechselt

NUMMER	**7**
ITEM	**Auge-Hand-Koordination, Graphomotorik, Bilateralintegration, Präferenzdominanz (Hand), visuelle Figur-Grund-Wahrnehmung**
HANDLUNG	**Linie auf dem Papier markieren**

Märchenlogik

Um ein Zauberseil erobern zu können, mit dem sie das Krokodil fesseln wollen, müssen die Ritter erst auf dem Papier üben.

Instruktion

(Die Kinder knien auf dem Boden vor dem Blatt. An alle:)
Kreist mit Eurem Stift einen Drachen ein... Und jetzt malt die Drachenschnur nach, von Eurem Drachen aus, also von oben nach unten. Mal sehen, wo Ihr ankommt... (Kontrollieren, ob alle Kinder die richtige Linie verfolgen) ... Legt die andere Hand mit auf das Blatt, damit es nicht wegrutscht ...

Beobachtungshinweise

Auf einem Blatt mit verschlungenen Linien sollen die Ritter eine bestimmte Linie mit dem Stift markieren. Für diese Leistung ist u.a. eine gute ***Koordination von Augen und Hand*** nötig. Wenn z.B. der Stift weitergeführt wird, obwohl die Augen nicht mehr die Linie verfolgen, muß diese Koordination trainiert werden.

Daneben ist die ***Graphomotorik,*** besonders die Stifthaltung, zu beobachten, die spätestens ab 5 Jahren korrekt, also zwischen Daumen und Zeigefinger unverkrampft möglich sein sollte. Ein durchgedrückter Zeigefinger zeigt eine Fehlhaltung oder auch eine Verkrampfung an, ebenso wie weiße Fingerkuppen.

Weiterhin sollte beobachtet werden, ob das Kind das Blatt mit der nicht-schreibenden Hand festhält, um zu verhindern, daß es rutscht. Andernfalls kann eine Störung der ***Bilateralintegration*** vorliegen. (Die nichtschreibende Hand kann nicht ruhig gehalten werden, während die andere schreibt und wird deshalb oft vom Blatt genommen.)

Desweiteren wird ein Hinweis auf die ***bevorzugte Schreibhand*** gegeben.

Schließlich geht auch die Leistung der ***visuellen Figur-Grund-Wahrnehmung*** ein.

Literaturhinweise

RUF-BÄCHTIGER 1987, 43, 152f.
BRAND/BREITENBACH/MAISEL 1988, 111

Material

je 1 Blatt (Kopiervorlage NUMMER 7)
je 1 Stift (in den Farben der Ritter)

Bewertung

Richtige Lösungen:

Die Spindel links führt zum Drachen an der linken Seite. Die Spindel in der Mitte führt zum rechten Drachen. Die Spindel auf der rechten Seite führt zum mittleren Drachen.

Auge-Hand-Koordination:

0 Aufgabe richtig gelöst, Augen und Hand synchron

1 Kind markiert kurzzeitig weiter die Linie, obwohl Augen vorauseilen oder aufschauen, verbessert sich aber und löst die Aufgabe richtig

2 Augen und Schreibhand nicht synchron, daher kein längeres Markieren der Linie möglich, keine oder falsche Lösung

Graphomotorik:

0 lockere Stifthaltung, Pinzettengriff

1 zunehmend verkrampfte Schreibhand, durchgedrückter Zeigefinger

2 weiße, blutleere Fingerkuppen an der Schreibhand oder: Hand um den Stift gefaustet

Bilateralintegration:

0 die nicht-schreibende Hand liegt ruhig auf dem Blatt

1 die nicht-schreibende Hand bewegt sich leicht auf dem Blatt, anstatt das Blatt zu fixieren

2 die nicht-schreibende Hand kann auch nach Aufforderung nicht auf dem Blatt liegenbleiben oder wird dort verkrampft

Präferenzdominanz (***Hand*** ankreuzen):

führt den Stift mit

links rechts wechselnd

Visuelle Figur-Grund-Wahrnehmung:

0 löst die Aufgabe zügig und richtig

1 setzt öfter den Stift ab und muß sich neu orientieren, kommt evtl. einmal von der Linie ab und hat daher die falsche Lösung

2 ist deutlich verwirrt und gibt auf oder wechselt mehrfach die Linien

NUMMER	**8**
ITEM	**Augenmotorik, visuelle Figur-Grund-Wahrnehmung, Präferenzdominanz (Hand)**
HANDLUNG	**Eigenes Zauberseil herausfinden**

Märchenlogik

Für jeden Ritter liegen unter einem Tuch versteckt drei ca. 1,50 m lange Zauberseile verschlungen auf dem Boden, die erst aufgedeckt werden dürfen, wenn der Ritter an der Reihe ist. Die Enden mit den Kugeln sind nach oben gelegt und gut zu sehen. Jeder Ritter soll dasjenige Seil herausziehen, das die Kugel seiner Farbe trägt, um damit das Krokodil so zu fesseln, daß es sich nicht befreien kann.

Instruktion

(Bei jedem einzelnen nacheinander: Der Spielleiter nimmt das entsprechende Tuch vorsichtig weg, damit die Zauberseile darunter nicht verrutschen. Er sagt:)
Stell' Dich hier 'mal aufrecht vor die verschlungenen Seile. Du sollst das Seil mit Deiner Kugel am Ende herausziehen. An welchem Seil hier unten (auf die unteren Enden der 3 Seile deuten) mußt Du ziehen? Können Deine Augen das allein herausfinden?

Beobachtungshinweise

Diese Übung ist schwieriger als die vorherige, da die ***Augen*** sich nicht an einer schon markierten Linie orientieren können und gut ***fixieren und verfolgen*** können müssen. Bewegt z.B. das Kind den Kopf beim Verfolgen des Seilverlaufs mit, ist dies ein Hinweis auf eine mangelhafte Augenbeweglichkeit. Ein Versagen in dieser Übung kann auch mit einer mangelhaften ***visuellen Figur-Hintergrund-Wahrnehmung*** zusammenhängen, da die Augen das Seil vor dem verwirrenden Hintergrund der anderen Seile verfolgen müssen. (Welche der beiden Hypothesen stimmt, kann nur im Zusammenhang beurteilt werden. Vgl. Kap. 9.2.1).

Kinder mit Schwierigkeiten bei dieser Aufgabe sind visuell leicht ablenkbar. Sie verlieren oft beim Lesen das richtige Wort oder die richtige Zeile aus den Augen und sollten noch lange beim Lesen den Finger oder das

Lesefenster zu Hilfe nehmen.

Außerdem kann die ***Handpräferenz*** beobachtet werden.

Literaturhinweise

Ruf-Bächtiger 1987, 152
Brand/Breitenbach/Maisel 1988, 112f.
Touwen 1982, 129f.

Material

je 3 x 1,50 Meter lange Schnüre mit am Ende eingeknoteten Kugeln in den Farben der Ritter
je 1 Tuch zum Zudecken der Schnüre (die Tücher zum Schluß in die Tasche legen, da sie für die Beobachtungssituation 22 wieder benötigt werden)

Bewertung

***Augenmotorik*:**

0 Aufgabe auf Anhieb gelöst

1 mit Zögern gelöst, Kind mußte mit den Augen wieder von vorne beginnen, bewegte evtl. den Kopf beim Verfolgen mit

2 Aufgabe nicht oder falsch gelöst, Kind bewegte evtl. den Kopf beim Verfolgen mit

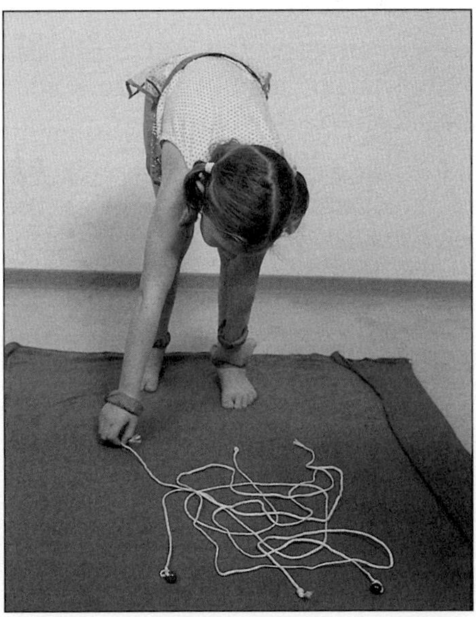

Figur-Grund-Wahrnehmung:

0 Aufgabe auf Anhieb gelöst

1 mit Zögern gelöst, Kind mußte mit den Augen wieder von vorne beginnen

2 Aufgabe nicht oder falsch gelöst

Präferenzdominanz (***Hand*** ankreuzen):

zieht Seil spontan mit

- links
- rechts
- beiden Händen

heraus

NUMMER	**9**
ITEM	**Gleichgewicht, Muskelspannung, Präferenzdominanz (Fuß)**
HANDLUNG	**Über den Baumstamm balancieren**

Märchenlogik

Auf dem Weg zum Krokodil geht es durch einen Sumpf, den die Ritter mit Hilfe eines Baumstamms (umgedrehte Langbank) überqueren.

Instruktion

(An jeden einzelnen nacheinander:)
Willst Du einmal versuchen, auf diesem Baumstamm den Sumpf zu überqueren?...(Wenn das Kind zögert:) Ich halte Dir die Hand hin, dann kannst Du Dich notfalls festhalten...

Beobachtungshinweise

Hier geht es um die Fähigkeit, das ***Gleichgewicht*** zu halten, und zwar unter erschwerten Bedingungen, da die Oberfläche schmal ist und über dem Erdboden liegt.

Außerdem können wir hören, über welche ***Muskelspannung*** ein Kind verfügt, ob es also federnd geht oder eher 'bollert'.

Insgesamt erhalten wir ein Bild über den Stand der grobmotorischen Koordination, da ja der ganze Körper am Gelingen der Aufgabe beteiligt ist.

Schließlich bekommen wir eine Aussage über die ***Bevorzugung*** *eines Fußes,* indem der Fuß, der als erster auf die Langbank aufgesetzt wird, als derjenige anzusehen ist, auf den das Kind sich bei Gleichgewichts- und Geschicklichkeitsaufgaben in der Regel verläßt.

Literaturhinweise

BRAND/BREITENBACH/MAISEL 1988, 109

Material

umgedrehte Langbank

Bewertung

Gleichgewicht:

0 unauffällig, leichte Ausgleichbewegungen

1 deutliche Ausgleichbewegungen, z.T. 'Rudern' mit den Armen, nutzt beim Aufsteigen den Haltegriff

2 Kind fällt/springt ein- oder mehrmals von der Langbank, oder es führt die Aufgabe nicht durch, oder es benötigt kontinuierlich den Haltegriff

Muskelspannung:

2 Kind geht nur auf dem Vorderfuß, (kann dadurch kein Gleichgewicht halten, benötigt Haltegriff oder verweigert die Aufgabe)

1 Kind 'stakst' vorwiegend auf dem Vorderfuß, nicht federnd, (deutliche Ausgleichbewegungen)

0 unauffällig

-1 Kind geht hörbar und eher schnell (mit Gleichgewichtsunsicherheit)

-2 Kind 'bollert', geht also sehr laut, (verliert schnell das Gleichgewicht)

Präferenzdominanz (***Fuß*** ankreuzen):

steigt auf den Baumstamm mit

linkem Fuß	rechtem Fuß	benötigt 2. Versuch, wechselt dabei den Fuß

NUMMER	**10**
ITEM	**Bilateralintegration (simultanes Bewegungsmuster)**
HANDLUNG	**Brustschwimmen**

Märchenlogik

Auf dem Weg zum Krokodil liegt außerdem ein See, den die Ritter leise durchschwimmen sollen, was am besten mit Brustschwimmen gelingt.

Instruktion

(An alle:)
Könnt Ihr Brustschwimmen? Ich zeige Euch einmal, wie das geht... (auf der Stelle mit den Armen Schwimmbewegungen vormachen.)... Jetzt laßt uns leise alle zusammen losschwimmen ...(wiederum Schwimmbewegungen auf der Stelle, ca. 10 Züge mit den Armen)... So, ich spüre Boden unter den Füßen, Ihr auch?

Beobachtungshinweise

Zu beurteilen ist das ***symmetrische Zusammenspiel beider Körperhälften (simultanes Bewegungsmuster):*** Holen beide Arme zum gleichen Zeitpunkt aus? Ist der Radius der gleiche? Wenn die Hände am weitesten nach vorn ausgestreckt sind, sind dann beide Hände gleich weit vom Körper entfernt oder ist eine Hand weiter vorne als die andere? Bewegt eine Körperseite sich auffällig? ***(Seitendifferenz/Asymmetrien)***

Literaturhinweise

BRAND/BREITENBACH/MAISEL 1988, 115, 162

Material

—

Bewertung

Bilateralintegration (simultanes Bewegungsmuster):

0 unauffällig, beide Arme bewegen sich synchron

1 leicht unsymmetrisch

2 deutlich unkoordiniert und unsymmetrisch

Seitendifferenz/Asymmetrien:

0 unauffällig (evtl. kleinerer Radius, eine Hand eher vorn etc.)

1 zweifelhaft, eine Seite bewegt sich etwas auffällig (s.2)

2 eine Seite bewegt sich deutlich auffällig (der Arm wird z.B. nie gestreckt oder nicht richtig angehoben o.ä.)

Dies ist links auffällig rechts auffällig

NUMMER	**11**
ITEM	**Handmotorik, Mitbewegungen, Präferenzdominanz (Hand)**
HANDLUNG	**Krokodil verzaubern**

Märchenlogik

Bevor die Ritter dem Krokodil gegenübertreten, zeigt ihnen Pfiffigunde noch einen Trick, den sie jetzt üben: Damit das Krokodil sich überhaupt fesseln läßt und nicht beißt, sollen sie es verzaubern, indem sie bei einer Hand nacheinander jeden Finger an den Daumen tippen und dies mehrmals hin und zurück wiederholen.

Instruktion

(Die Kinder stehen nebeneinander. An alle:) Schaut gut her..., ich mache es vor ... Jetzt macht das mal nach: ...So, und wieder zurück... und wieder hin... und so weiter... (SL macht die Finger-Daumen-Opposition vor, bis sie auch von den Rittern ca. 8-10 mal hin und her ausgeführt wurde.)

Beobachtungshinweise

Der Finger-Daumen-Test ist eine komplexe ***feinmotorische Leistung,*** die z.B. die Voraussetzung für eine gute Graphomotorik bildet. Er gelingt normalerweise auch Kindergartenkindern nach 2-3maligem Üben zwar langsam, aber fließend. Bei der Bewertung ist zu unterscheiden zwischen der Geschmeidigkeit, der Geschwindigkeit und dem Rhythmus der Bewegung sowie den Schwierigkeiten beim Fingerwechsel, v.a. an den Umkehrpunkten von Zeigefinger und kleinem Finger. V.a. letztere können Anzeichen für eine Hirnreifungsstörung sein.

Je mehr sich ein solches Kind anstrengt, desto stärker können auch die ***Mitbewegungen*** der anderen Hand ausfallen. Ab dem 9. Lebensjahr treten diese i.d.R. nicht mehr auf. Bei Mädchen gibt es meist weniger Spiegelbewegungen.

Um einen möglichen Lernprozeß nicht auszuschließen, sollte das Kind mit seiner ***bevorzugten Hand*** bis zu 5 mal hin und her üben dürfen, bevor das Ergebnis bewertet wird.

Literaturhinweise Ruf-Bächtiger 1987, 122
Touwen 1982, 89ff.

Material Krokodil (keine Kasperlepuppe)

Bewertung ***Handmotorik:***

a) Geschmeidigkeit, Rhythmus der Fingerbewegungen:

0 unauffällig

1 Stockungen, Überspringen von Fingern, 2-maliges Antippen des gleichen Fingers

2 Übung gelingt gar nicht, deutliche Bewegungen auch der nicht-beteiligten Finger

b) Wende:

0 unauffällig, Wende gelingt flüssig

1 ab und zu Schwierigkeiten mit der Wende, beginnt evtl. wieder mit der gleichen Richtung

2 Wende gelingt nicht wie vorgesehen oder nur mit großer Anstrengung und Verlangsamung

Mitbewegungen:

0 keine Mitbewegungen oder lockere Spiegelbewegungen

1 zweifelhaft, ansatzweise Verkrampfungen in der gegenüberliegenden Hand und/oder dem Mund

2 deutliche assoziierte tonische Reaktionen, also Verkrampfungen von Hand und/oder Mund

Präferenzdominanz (***Hand*** ankreuzen):

führt den Finger-Daumen-Versuch durch mit
links rechts wechselnd

NUMMER	**12**
ITEM	**Handmotorik**
HANDLUNG	**Schleife oder Knoten binden**

Märchenlogik

Nacheinander fesselt nun jedes Kind das Krokodil mit seinem Zauberseil, während die anderen dieses hypnotisieren, damit es still hält.

Instruktion

(An jeden einzelnen nacheinander:)
Fessele jetzt das Krokodil mit einer Schleife. Wenn Du keine Schleife binden kannst, versuche es mit einem Knoten. Du kannst das Seil auch vorher drumwickeln, damit es kürzer ist.

Beobachtungshinweise

Der Knoten sollte mit 4-5 Jahren, die Schleife mit 6 Jahren gelingen. Wenn nicht, dann mag der Grund in der mangelnden ***Feinmotorik der Hand*** bzw. Geschicklichkeit der Finger, in einer Dyspraxie, mangelhafter Codierungsfähigkeit oder lediglich in mangelnder Anleitung zur Selbständigkeit liegen.

Literaturhinweise

BRAND/BREITENBACH/MAISEL 1988, 51, 70f., 110
RUF-BÄCHTIGER 1987, 136
TOUWEN 1982, 155

Material

Krokodil
Zauberseile

Bewertung

Knoten (für Kinder unter 6 Jahren. Auf Wunsch bei Kindern ab 6 Jahren: eine Stufe schlechter bewerten):

0 unauffällig, Knoten gelingt beim ersten Versuch
1 Knoten gelingt nur unter Schwierigkeiten
2 Knoten gelingt nicht, das Kind benötigt Hilfestellung

oder:

Schleife (für Kinder ab 6 Jahren. Bei Kindern unter 6 Jahren nur auf deren Wunsch: eine Stufe besser bewerten)

0 unauffällig, Schleife gelingt beim ersten Versuch
1 Schleife gelingt nur unter Schwierigkeiten
2 Schleife gelingt nicht, das Kind benötigt Hilfestellung

NUMMER	**13**
ITEM	**Taktile Differenzierung, Präferenzdominanz (Hand)**
HANDLUNG	**Unter verschiedenen Stoffstücken ein zusammenpassendes Paar heraussuchen**

Märchenlogik

Das Krokodil hat den Kindern verraten, was die Drachen sich wünschen würden. Die Drachenmama würde sich z.B. über Stoff freuen, aus dem sie sich Handschuhe für ihre scharfen Krallen nähen kann. Jedes Kind versucht nun, hinter dem Vorhang nur mit dem Tastsinn zwei Stücke aus dem gleichen Stoff zu finden.

Instruktion

(Die Kinder stehen oder knien vor den Tastboxen. An alle:)
Fühlt einmal mit beiden Händen, was hinter dem Vorhang ist... Versucht jetzt, 2 Stoffstücke zu finden, die sich gleich anfühlen, – gleich groß sind sie sowieso...

(Wenn alle Ritter ein Paar gefunden haben, sammelt Pfiffigunde sie ein und legt sie als Geschenk für die Drachenmama in ihre Tasche.)

Beobachtungshinweise

Die ***taktile Differenzierung*** von Oberflächen ist i.d.R. schon bei Kindergartenkindern gut ausgeprägt.

Der Tastsinn ist der erste und grundlegende Wahrnehmungskanal, und viele Kinder, die ständig mit einer dreckigen Nase und verschmutztem Mund herumlaufen, verfügen nicht über ausreichende taktil-kinästhetische Rückkoppelungsmechanismen (oder eine mangelhafte taktile Figur-Grund-Wahrnehmung). Taktil untersensible Kinder, die über die Haut nur wenig Informationen aufnehmen, haben oft auch in anderen Bereichen, z.B. im Sozialverhalten, Schwierigkeiten.

Zu beurteilen ist auch, ob eine ***Hand dominant*** ist in der Leistung des taktilen Differenzierens.

Literaturhinweise

RUF-BÄCHTIGER 1987, 41, 134f.

Material

je eine Tastbox (s. Bastelanleitung)
je 5 Stoffpaare aus verschiedenen Stoffen

(s. Bastelanleitung)
evtl. Tische, worauf die Tastboxen gestellt werden

Bewertung

Taktile Differenzierung:

0 löst die Aufgabe schnell und sicher

1 löst die Aufgabe zögernd bei höchstens einem Fehler

2 kann die Aufgabe nicht lösen innerhalb von 3 Minuten (Fee gibt ihm ein Paar, wenn 3 Min. vorbei sind)

Präferenzdominanz (Hand):

befühlt und tastet meist mit
links rechts wechselnd o. beidhändig

NUMMER	**14**
ITEM	**Präferenzdominanz des Auges**
HANDLUNG	**Durch die Zauberlandkarte sehen, ein Zeichen erblicken und merken**

Märchenlogik

Nun geht es zum Riesen, der verschiedene Spielsachen des Drachenkindes gestohlen hat, die die Ritter diesem gerne wiedergeben möchten. Der Weg zum Riesen ist ziemlich kompliziert. Pfiffigunde hat aber eine Zauberlandkarte. Wenn die Ritter durch das Loch darin direkt in das Auge der Kamera schauen, zeigt der Kameramann ihnen daraufhin ein Zeichen, das sie sich merken müssen. Wenn sie später das richtige Zeichen wiederkennen, erfahren sie dadurch den Weg zum Riesen.

Instruktion

(Pfiffigunde hält die Zauberlandkarte in der Hand. An jeden einzelnen nacheinander:) Der Kameramann weiß, wo der Riese wohnt. Er zeigt Dir gleich ein Zeichen, das Du Dir merken mußt, damit Du den Weg zum Riesen finden kannst. Ich übe jetzt mal mit Dir, was Du gleich machen sollst. Nimm diese Zauberlandkarte in beide Hände. Ich gehe jetzt ein Stück weg (ca. 3 m weggehen). ...

Ich lege nun meinen Finger unter dieses Auge (das dominante/führende Auge des Spielleiters, zeigen). ... Halte mit ausgestreckten Armen die Zauberlandkarte hoch und schau durch das Loch genau in mein Auge mit dem Finger drunter. Wenn Du mein Auge siehst, sage JETZT. ... (Signal des Kindes abwarten, ggf. Instruktion wiederholen. Darauf achten, daß der Kopf frontal zugewandt ist. Dann feststellen, welches Auge das führende ist, indem aufgrund der sichtbaren Stirnpartie auf das führende Auge des Kindes geschlossen wird..) .... Du kannst die Arme wieder herunternehmen, ich habe sehr gut Dein rechtes (bzw. linkes) Auge sehen können. Jetzt probieren wir das mal mit der Kamera. Siehst Du die Kamera? Halte jetzt die Zauberlandkarte wieder mit den *ausgestreckten Armen* hoch.

Schau durch das Loch genau in dieses Auge der Kamera (zeigen!). Wenn Du das Kameraauge deutlich siehst, dann sage laut und deutlich JETZT. (Signal des Kindes abwarten, ggf. Instruktion z.T. wiederholen). .... (Der Kameramann stellt fest, durch welches Auge das Kind schaut, indem er aufgrund der sichtbaren Stirnpartie auf das führende Auge schließt. Der Spielleiter kontrolliert glechzeitig, ob beide Augen wie vorgesehen geöffnet sind.)
(Kameramann:) Prima, ich sehe sehr gut Dein rechtes (bzw. linkes) Auge. Jetzt zeige ich Dir das Zeichen, welches Du Dir merken sollst. (Hält die Scheibe mit der Farbe des jeweiligen Ritters ein paar Sekunden mit ausgestrecktem Arm vor die Kamera, so daß das Kind das Zeichen sehen kann, die Kamera aber die Rückseite der Scheibe, markiert mit der Farbe des Ritters, aufnimmt.) Hast Du es Dir gemerkt? Dann nimm die Arme wieder herunter.

Beobachtungshinweise

Hier geht es darum, das dominante, also den Sehakt führende Auge herauszufinden. Dieses muß nicht mit dem mit der größeren Sehschärfe identisch sein, v.a. dann nicht, wenn die Dominanz ausgebildet wurde, bevor die Schwächung dieses Auges eintrat. In diesem Fall bleibt die Dominanz erhalten, was den positiven Effekt haben kann, daß trotz einer Restsehfähigkeit von z.B. nur 15% auf dem dominanten Auge das räumliche Sehen erhalten bleibt.
Jede Aufforderung, zur Überprüfung der Augendominanz mit nur *einem* Auge durch ein Loch, Rohr etc. zu schauen, wie es häufig in Augendominanz-Überprüfungen verlangt wird, führt meiner Erfahrung nach dazu, daß das bessere, weil schärfer sehende Auge gewählt wird (und läßt damit höchstens eine Aussage über die Leistungsdominanz des Auges zu). Dazu kommt, daß viele kleinere Kinder noch nicht einäugig sehen können und daher oftmals mit dem anderen Auge neben z.B. dem Rohr hersehen.
Bei manchen Kindern in diesem Alter ist die Lateralisierung (Seitigkeitsentwicklung) noch nicht abgeschlossen. Falls Spielleiter und Kameramann unterschiedliche Augen als führend identifizieren, ist ‚wechselnd'

einzutragen. (Ggf. ist durch mehrmaliges Wiederholen und damit Vertraut-Werden mit der Situation doch noch eine Führungsseite festzustellen.) Aber auch eine ‚inkomplette Augendominanz', also die ständige Rivalität der Augen um die Dominanz, kann Hintergrund für die Instabilität sein. Sie kommt bei hirnfunktionsgestörten Kindern häufiger vor und kann eine Ursache für Legasthenie sein (vgl. BENTON et al. 1965).

Material

1 Zauberlandkarte zum Durchsehen mit einer aufgemalten Landschaft (s. Bastelanleitung). 3 Holzscheiben mit farbigen Punkten (s. Bastelanleitung)

Bewertung

Präferenzdominanz des Auges:

das den beidäugigen Sehakt führende Auge ist das
linke rechte wechselnd

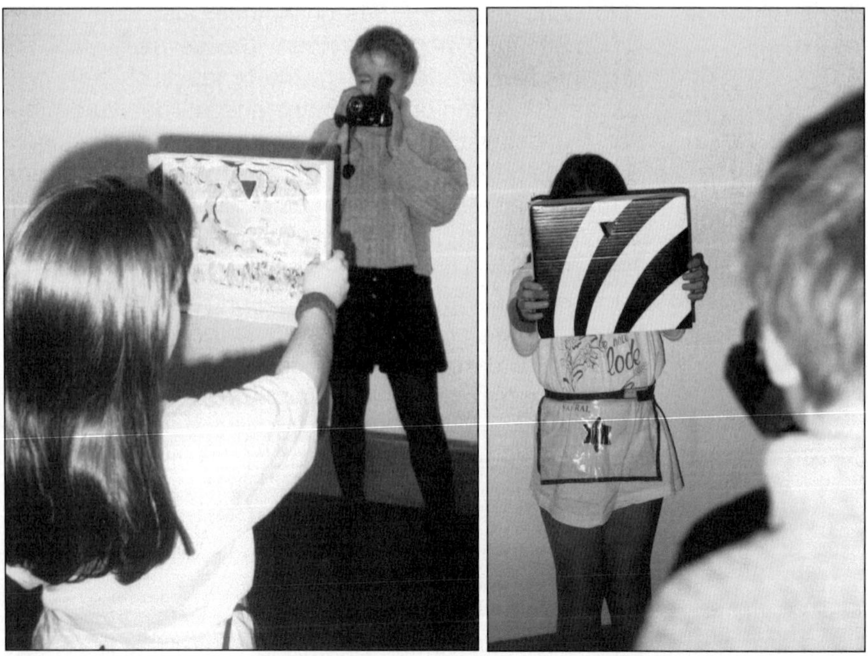

Abb.: Marie schaut beidäugig durch die Zauberlandkarte in das Auge der Kamera, die Kamerafrau kann das linke als das führende Auge identifizieren.

NUMMER	**15**
ITEM	**Visuelles Kurzzeitgedächtnis**
HANDLUNG	**Zeichen wiedererkennen**

Märchenlogik

Der Kameramann hat, ohne daß die Ritter ihn beobachten konnten, die drei Scheiben wieder an die leeren Stellen zwischen drei anderen Scheiben zurückgelegt. (Diese zeigen drei den ersten Scheiben ähnelnde Muster.) Wenn die Ritter sich an ‚ihre' Scheiben erinnern können, werden sie Näheres über den Weg zum Riesen erfahren.

Instruktion

(An alle:)
Stellt Euch bitte hinter die Scheibe, die das Zeichen trägt, das Ihr Euch merken solltet...Jetzt schaut 'mal auf die Rückseite der Scheibe. Ist dort eine Farbe zu sehen? Sagt mir, ob und welche Farbe Ihr seht.

Beobachtungshinweise

Je nachdem, wieviel Zeit zwischen dieser und der letzten Beobachtungssituation lagen, wird entweder das Ultrakurzzeitgedächtnis oder das Kurzzeitgedächtnis für visuelle Gestalten geprüft.

Literaturhinweise

—

Material

6 Scheiben mit verschiedenen graphischen Gestalten, von denen sich je 2 ähneln. Je eine davon wurde den Rittern durch die Zauberlandkarte gezeigt. Hinter diese sollen sie sich stellen.

Bewertung

Visuelles Kurzzeitgedächtnis:

0 unauffällig, Kind wählt sofort die richtige Lösung

1 Kind ist sich unsicher und wählt das Bild, das ähnlich ist

2 2 mal falsche Lösung, (wird nicht mehr korrigiert), oder Kind wählt Scheibe aus, die dem Zeichen nicht gleicht und nicht ähnelt

NUMMER	**16**
ITEM	**Präferenzdominanz (Fuß), Gleichgewicht, Feinmotorik des Fußes**
HANDLUNG	**Scheibe auf Strich vorwärts schieben**

Märchenlogik

Die Aufgabe besteht darin, die Scheibe auf einer 1,5 bis 2 m langen, auf den Boden gezeichneten geraden Linie mit einem Fuß vorwärts zu schieben. Am Ende der Linie liegt jeweils eine Wegbeschreibung.

Instruktion

(Die Kinder stehen hinter 'ihren' Scheiben. An alle:) Schiebt die Scheibe auf der Linie mit einer Fußspitze vorwärts bis zur Karte...Bitte nicht mit dem Fuß die Scheibe festhalten...Ihr dürft das Bein auch wechseln...

Beobachtungshinweise

Die Kinder wählen – evtl. nach anfänglichem Wechsel – den ***geschickteren Fuß***. Kinder mit ***Gleichgewichtsproblemen*** benötigen aber ihr „besseres" Bein ebenso, um darauf einbeinig zu stehen. Sie helfen sich damit, daß sie den Einbeinstand nur kurz beibehalten, häufig das Bein wechseln und den Fuß nur wenig vom Boden abheben. Ab 7 Jahre ist die Balance in der Regel gut entwickelt und die Scheibe wird mit dem dominanten Bein geschoben.

Weiterhin gibt die Übung Aufschluß über die ***Feinmotorik***, also die Geschicklichkeit ***des Fußes***.

Literaturhinweise

Touwen 1982, 108f.

Material

6 Scheiben
6 1,5 bis 2 Meter lange gerade Linien auf dem Boden
6 Kärtchen mit 3 Wegbeschreibungen (s. Kopiervorlage)

Bewertung

Präferenzdominanz (schiebenden ***Fuß*** ankreuzen):

nach 1/4 der Strecke vorwiegend
links rechts wechselnd

Gleichgewicht:

0 unauffällig, kaum Ausgleichbewegungen der Arme, sicheres Schieben der Scheibe

1 häufiges Abstützen mit dem anderen Fuß, Ausgleichbewegungen der Arme

2 Leistung nicht möglich, Kind kommt kaum vorwärts

Fußfeinmotorik:

0 unauffällig, Kind schiebt vorwiegend auf der Linie, kann bei Abweichungen gut korrigieren

1 Kind kann die Scheibe nicht immer gut steuern (zielt nicht gut oder zu heftige Bewegungen)

2 Kind ist nicht in der Lage, die Scheibe auf der Linie vorwärts zu schieben

Kinder unter 7 Jahren eine Stufe besser bewerten, falls nicht Bewertung 0.

NUMMER	**17**
ITEM	**Leistungsdominanz (Bein/Fuß), Seitendifferenz/ Asymmetrien (Arme, Beine), Muskelspannung, grobmotorische Koordination**
HANDLUNG	**Auf jedem Bein mehrmals hüpfen**

Märchenlogik

Der erste Teil der Wegbeschreibung zum Riesen enthält die Aufforderung, in eine bestimmte Richtung erst auf dem einen, dann auf dem anderen Bein zu hüpfen. Die Hüpfstrecke sollte für jeden Fuß mind. 20 Hüpfer lang sein.

Instruktion

(Die Kinder stehen um Pfiffigunde herum. Jedem nacheinander Karte 1 vorlesen oder von einem Ritter vorlesen lassen [Kopiervorlage in Vereinfachter Ausgangsschrift]).
Hüpfe auf einem Bein zu der (zeigen) Stelle der Wand, dann auf dem anderen zum Berg (Kasten).

Beobachtungshinweise

Je nach Alter sollte eine bestimmte Anzahl von Hüpfern ohne Absetzen gelingen, also die ***grobmotorische Koordination*** entsprechend weit entwickelt sein.

Wie ein Kind hüpft, – also ob auf dem Vorderfuß oder dem ganzen Fuß, ob es dabei federt, ob es das Gleichgewicht halten kann –, ist auch eine Frage der ***Muskelspannung***. Unter 6 Jahren kann im bevorzugten Bein (und Arm) der Muskeltonus etwas erhöht sein.

Weiter kann beobachtet werden, ob ein Bein mehr Kraft hat als das andere. Zwischen 5 und 7 Jahren ist ein Bein häufig besser. Nach diesem Alter sollte eine stark ***seitendifferierende Leistung*** wie auch eine auffällige ***Asymmetrie*** in der Armhaltung (z.B. angepreßter, angewinkelter Arm) genauer untersucht werden.

Literaturhinweise

RUF-BÄCHTIGER 1987, 119f.
TOUWEN 1982, 109 ff.
(KIPHARD 1983, 177)

Material

Wegbeschreibung Nr.1 (Kopiervorlage NUMMER 16)

Bewertung

Leistungsdominanz (Bein/Fuß):

Anzahl der Hüpfer ohne Absetzen/Aufstützen eintragen und 'besseres' Bein einkringeln
links rechts

Seitendifferenz/Asymmetrien

a) Seitendifferenz/Asymmetrie (Arme):

0 unauffällig, lockere Armhaltung

1 zweifelhaft, ein Arm wird höher oder näher am Körper gehalten

2 ein Arm wird deutlich angepreßt, angewinkelt oder überstreckt
links auffällig rechts auffällig

b) Seitendifferenz/Asymmetrie (Beine) (ab 7 Jahre):

0 bis zu 3 Hüpfer bei einem Bein weniger
1 bis zu 6 Hüpfer bei einem Bein weniger
2 mehr als 6 Hüpfer Unterschied
links weniger rechts weniger

Kinder unter 7 Jahren bekommen generell die Bewertung 0

Muskelspannung (Ziffer eintragen):

Bewertungsschema:

2 Kind hüpft nur auf dem Vorderfuß, ungesteuert in großen, schnellen Hüpfern, das nicht-hüpfende Bein versteift, gebeugt oder angepreßt, Gefahr zu fallen, wenn das Kind sich nicht mit dem anderen Bein zeitweise abstützt, evtl. ausholende Balancierbewegungen der Arme

1 Kind hüpft v.a. auf dem Vorderfuß, federt kaum, hält mit Mühe Gleichgewicht

0 unauffällig

-1 Kind hüpft nicht-federnd auf dem ganzen Fuß, deutliche Ausgleichbewegungen der Arme

-2 Kind hüpft langsam, laut und mit großer Anstrengung nicht-federnd auf dem ganzen Fuß, deutliche Beugung in Hüften und Knien

Grobmotorische Koordination (Hüpfen):

Bewertung mit 5 Jahren:

0 8-10 oder mehr Hüpfer ohne Absetzen/Aufstützen, *mind. mit einem Bein*

1 6-8 Hüpfer „

2 bis 6 Hüpfer „

Bewertung mit 6 Jahren:

0 13-16 oder mehr Hüpfer ohne Absetzen/Aufstützen, *mind. mit einem Bein*

1 10-13 Hüpfer „

2 bis 10 Hüpfer „

Bewertung ab 7 Jahren:

0 20 und mehr Hüpfer ohne Absetzen/Aufstützen *mit jedem Bein*

1 über 15 Hüpfer „

2 bis zu 15 Hüpfer „

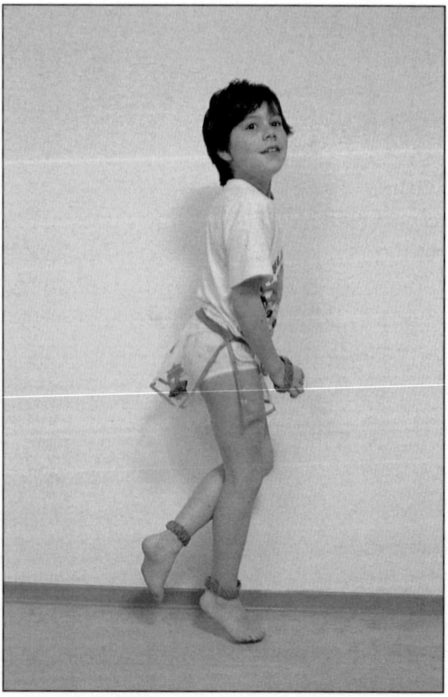

(Bewertung 2 auch dann, wenn mit einem Bein z.B. 21, mit dem anderen 12 Hüpfer gelungen sind)

NUMMER	**18**
ITEM	**Bilateralintegration, Muskelspannung, Seitendifferenz/Asymmetrie (Arme)**
HANDLUNG	**Vom Berg springen im Schlußsprung**

□

Märchenlogik Der zweite Teil der Wegbeschreibung fordert die Ritter auf, von einem Berg zu springen.

Instruktion (Die Kinder stehen nebeneinander vor dem Kasten. Jedem einzelnen nacheinander Karte 2 vorlesen:)
Hüpfe mit beiden Beinen zusammen vom Berg herunter.

Beobachtungshinweise Je besser die ***Bilateralintegration,*** also die Koordination beider Körperhälften, desto symmetrischer das Abspringen und das Aufkommen am Boden. Weiterhin erhalten wir Aufschluß über die ***Muskelspannung:*** kommt das Kind federnd oder polternd auf dem Boden auf?

Achten Sie auch auf eine ***Seitendifferenz bzw. Asymmetrie der Arme:*** Preßt das Kind einen der Arme in einer auffälligen Haltung an den Körper oder bewegt ihn auffällig?

Literaturhinweise Ruf-Bächtiger 1987, 119
Brand/Breitenbach/Maisel 1988, 162ff., 115

Material Kasten (ca. 50 cm hoch)
Wegbeschreibung Nr. 2 (Kopiervorlage NUMMER 16)

Bewertung ***Bilateralintegration:***

0 unauffällig, der Körper ist beim Sprung gerade, die Beine kommen symmetrisch am Boden auf

1 zweifelhaft: ein Bein springt etwas eher ab bzw. kommt eher an, der Körper ist evtl. etwas zu einer Seite geneigt

2 deutliche Seitenbetonung: ein Bein springt deutlich eher ab bzw. kommt eher an

Seitendifferenz/Asymmetrie (Arme):

0 unauffällig, lockere Armhaltung

1 zweifelhaft, ein Arm wird höher oder näher am Körper gehalten

2 ein Arm wird deutlich angepreßt, angewinkelt oder überstreckt

links auffällig rechts auffällig

Muskelspannung:

aufkommen am Boden

2 nicht-federnd auf den Vorderfüssen, muß sich mit den Händen abstützen

1 wenig nachfedernd auf den Vorderfüssen, deutliche Ausgleichbewegungen

0 unauffällig

-1 wenig nachfedernd, laut auf den Fußsohlen aufkommend

-2 nicht-federnd und laut auf den ganzen Fußsohlen aufkommend, Gefahr zu fallen, übermäßige Beugung in Knie und Hüfte

NUMMER	**19**
ITEM	**Muskelspannung, Mitbewegungen, Gleichgewicht, Seitendifferenz/Asymmetrien**
HANDLUNG	**Kinder nähern sich im Zehengang dem Riesen**

Märchenlogik

Der dritte Teil der Wegbeschreibung enthält die Aufforderung, nun auf Zehenspitzen (ca. 20 kleine Schritte) zur Höhle des Riesen zu gehen, damit der Riese die Kinder für möglichst groß hält und milder gestimmt ist.

Instruktion

(Die Kinder stehen nebeneinander. Jedem einzelnen nacheinander vorlesen:)
Gehe hoch auf den Zehenspitzen zur Höhle des Riesen, damit er denkt, Du wärest <u>auch</u> sehr groß. Ich mache es einmal vor (als SL ein paar Schritte gehen, auf Zehenspitzen mit durchgedrückten Knien, Kopf hoch gereckt, Arme herabhängend).

Beobachtungshinweise

Die ***Muskelspannung*** (bzw. das Vorhandensein von Muskelverkürzungen aufgrund eines ständig erhöhten Tonus) entscheidet darüber, wie sehr die Beine gestreckt werden können. Wie hoch kann das Kind die Fersen vom Boden abheben? Ist ein Schleifen der Füße zu beobachten?

Kommt es zu ***Mitbewegungen*** in den Armen und Händen? Fallen Zungen- und Lippenbewegungen auf?

Gibt es bei der Bewegung der Arme und Beine ***Asymmetrien*** oder ***Seitendifferenzen****?*

Kann das Kind im Zehengang das ***Gleichgewicht*** halten?

Literaturhinweise

RUF-BÄCHTIGER 1987, 117f.
TOUWEN 1982, 104ff.

Material

Höhle für den Riesen 20 Schritte entfernt.
Wegbeschreibung Nr.3 (Kopiervorlage NUMMER 16)

Bewertung

Muskelspannung:

2 Abknicken in Knie und Hüften (auch Zick-Zack-Haltung genannt) zusammen mit X-Bein-Stellung, Schleifen der Füße

1 leichte Beugung in Knie und Hüften zus. mit leichter Innenrotation (Drehung der Beine nach innen)

0 unauffällig

-1 trotz Aufforderung erneutes Wieder-Absinken der Fersen bis kurz über den Boden

-2 Streckung des Fußes nur kurz oder gar nicht möglich

Mitbewegungen:

0 keine Mitbewegungen oder lockere Spiegelbewegungen

1 deutliche Streckung der Arme und Hände, evtl. mit gefausteten Händen

2 wie Bewertung 1, zusätzlich Bewegungen der Zunge und der Lippen

Seitendifferenz/Asymmetrien

a) Seitendifferenz/Asymmetrien (Arme):

0 unauffällig, lockere Armhaltung

1 zweifelhaft, ein Arm wird höher oder näher am Körper gehalten

2 ein Arm wird deutlich angepreßt, angewinkelt oder überstreckt

b) Seitendifferenz/Asymmetrien (Beine):

0 unauffällig, gleiche Schrittlänge

1 zweifelhaft, die beiden Körperhälften agieren ab und zu unterschiedlich (Schrittlänge, Lautstärke des Auftretens)

2 deutliche Asymmetrien

Gleichgewicht:

0 unauffällig

1 leichte Ausgleichbewegungen der Arme

2 Kind rudert mit den Armen, Ausfallschritte

NUMMER	**20**
ITEM	**Raumlage, Präferenzdominanz (Hand), Graphomotorik**
HANDLUNG	**Die Kinder helfen dem Riesen bei einer Aufgabe**

Märchenlogik

Der Riese kommt aus seiner Höhle heraus. Er will aber auf die Spielsachen des Drachenkindes nur verzichten, wenn die Ritter ihm bei einer Aufgabe helfen, die er nicht lösen kann.

Instruktion

(Die Kinder knien auf Matten oder sitzen am Tisch. Die Blätter werden querliegend angereicht, damit Linkshänder sich den Rand des Blattes auch nach rechts, also in ihrer ursprünglichen Leserichtung hinlegen können. An alle:)

Kreist hier mal in jeder Zeile das Bild hinter dem Strich ein, das genau so wie das ganz vorn aussieht. ... (Ergebnis der ersten Zeile kontrollieren. Wenn es nicht richtig ist, dem Kind das richtige Bild zeigen und sich überzeugen, daß es die Aufgabe verstanden hat.) ...Setzt Euch nun am besten etwas auseinander, damit Ihr Euch nicht stört. (Wenn ein Kind ‚abgucken' will:) Das kannst Du bestimmt auch allein.

Beobachtungshinweise

In der ***Wahrnehmung der Raumlage*** muß das Kind Dinge in Bezug zur eigenen Person oder Dinge untereinander in Beziehung setzen. Dimensionen können 'unten-oben, links-rechts, vorne-hinten und weit-nah' sein.
Kreuzt ein Kind auf dem vorliegenden Papier Bilder an, welche im Verhältnis zu dem gesuchten Bild gekippt, gedreht oder gespiegelt sind, so könnte es auch Schwierigkeiten mit dem Lesen und Schreiben bekommen, also z.B. mit den kleinen Buchstaben b,p,d und q, die sich in der Druckschrift nur durch eine unterschiedliche Raumlage auszeichnen. Raumlagelabilität kann auch mit einer noch nicht entschiedenen Lateralität (Seitigkeit) zusammenhängen.

Nach 4 Minuten sollte das Rätsel abgebrochen werden. Die benötigte Zeit und Informationen über den Arbeitsstil (fahrig und schnell, genau und langsam, kann sich nicht entscheiden etc.) können vermerkt werden.

Die Entscheidung, mit welcher Hand das Kind schreibt, zeigt die ***dominante Hand*** an.

Auch ist die ***Graphomotorik*** zu beobachten.

Literaturhinweise

BRAND/BREITENBACH/MAISEL 1988, 57ff., 68, 114

Material

Riese (s. Bastelanleitung)
je 1 Kopiervorlage zur Raumlage
je 1 Stift

Bewertung

Raumlage

(Lösungen: 1. Reihe: 6, 2.:4, 3.:3, 4.:4, 5.:5, 6.:2, 7.:5)

0 7 richtige Lösungen

1 5 oder 6 richtige Lösungen

2 bis zu 4 richtige Lösungen

Benötigte Zeit:
Bemerkungen zum Arbeitsstil:

Präferenzdominanz (Hand):

Kind schreibt mit
links rechts wechselnd

Graphomotorik:

0 lockere Stifthaltung, Pinzettengriff

1 zunehmend verkrampfte Schreibhand, durchgedrückter Zeigefinger

2 weiße, blutleere Fingerkuppen an der Schreibhand, oder Hand um den Stift gefaustet

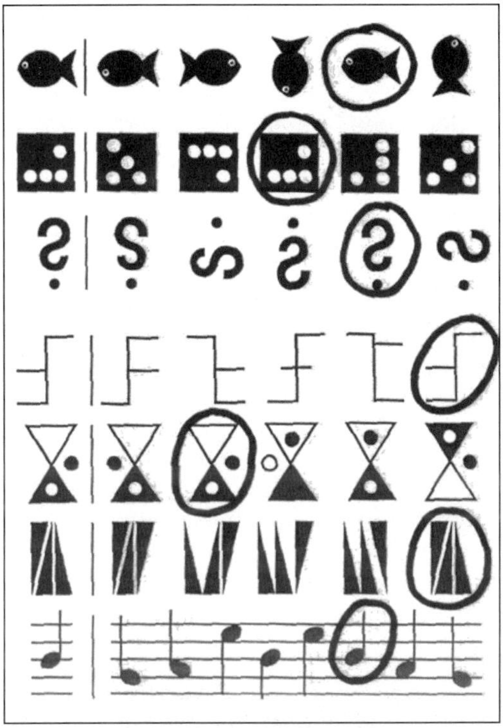

Abb.: Lösungen (Raumlage)

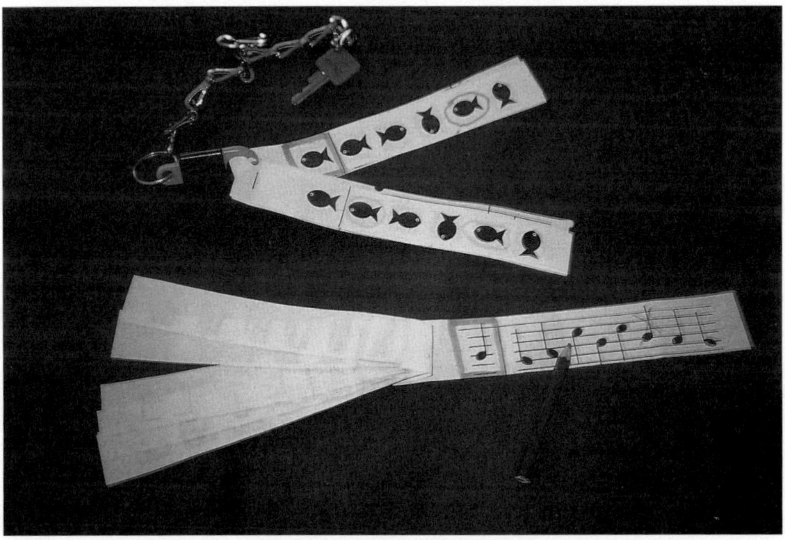

NUMMER	**21**
ITEM	**Hörprüfung, Präferenzdominanz (Ohr)**
HANDLUNG	**Der Riese flüstert den Rittern etwas zu**

Märchenlogik

Da der Riese sich schämt, gestohlen zu haben, teilt er den Rittern nur im Flüsterton mit (aus 5-6 Metern Entfernung), welche Spielsachen vom Drachenkind er besitzt.

Instruktion

(Überzeugen Sie sich vorher mit Hilfe eines Erwachsenen, welche Lautstärke aus 5-6 Metern gerade noch zu hören ist. Riese an jeden einzelnen nacheinander:)

Mit welchem Ohr hörst Du am liebsten? Dann setz Dich bitte auf den Kasten dort, und horch mit Deinem liebsten Ohr zu mir. Das andere Ohr halte Dir locker mit der Hand zu. Aber schau mich nicht an, ich schäme mich so, gestohlen zu haben ...

Ich flüstere Dir jetzt etwas über das Spielzeug zu, (Riese flüstert dem Ritter eine dreisilbige Benennung zu) ... Was hast Du gehört? ... (Wenn die Antwort falsch ist, die Benennung noch einmal etwas lauter wiederholen. Ist sie wieder falsch, das Geflüsterte in normaler Lautstärke wiederholen.) ... Was hast Du jetzt gehört? (Kind wiederholt das Verstandene. Ggf. benennt der SL das Spielzeug selbst, damit die richtigen Wörter gespeichert werden können). ... Und nun setze Dich anders herum, schau wieder die Wand an und halte das andere Ohr zu, ich flüstere Dir noch etwas über das Spielzeug zu... (Riese flüstert eine andere dreisilbige Bezeichnung)... Was hast Du jetzt gehört?... (Wenn die Antwort falsch ist, wie vorher verfahren.)... Merk es Dir gut, o.k.? (Wichtig für Beobachtungssituation 22)

Beobachtungshinweise

Dies ist eine grobe Prüfung der ***Hörfähigkeit,*** getrennt für jedes Ohr. Versteht das Kind das Wort nicht, kann es bis zu zweimal wiederholt werden.
Bei zweifelhafter oder mangelhafter Leistung ist die Indikation für eine weitergehende audiologische Untersu-

chung auf Schwerhörigkeit und ggf. zentrale Fehlhörigkeit gegeben.

Außerdem kann das ***bevorzugte Ohr*** ermittelt werden.

Literaturhinweise

TOUWEN 1982, 138f.
LEYENDECKER 1988, 65

Material

Kasten
3 kleine Spielzeugteile (sie müssen mit zwei dreisilbigen Begriffen zu benennen sein, z.B. für das erste Ohr: „Luft-bal-lon", für das zweite Ohr: "mit-Ge-sicht" oder erstes Ohr: „Brief-mar-ke", zweites Ohr: "mit-Vo-gel")

Bewertung

Hörprüfung (Bewertung eintragen):

links: rechts:

Bewertungsschema:

0 unauffällig

1 zweifelhaft, Wort muß wiederholt werden; evtl. legt das Kind die Hand hinter das zugewandte Ohr; trotz Aufforderung, nach vorn zu blicken, versucht das Kind evtl., den Spielleiter anzuschauen, um von den Lippen ablesen zu können. Nach einer Wiederholung wird das Wort aber verstanden.

2 Wort muß ein zweites Mal lauter wiederholt werden, damit es verstanden und richtig wiedergegeben wird, oder: auch nach dem zweiten Mal wird ein falsches Wort genannt

Präferenzdominanz (***Ohr*** ankreuzen):

Das Kind horcht zuerst mit dem

- linken Ohr
- rechten Ohr
- kann sich nicht entscheiden

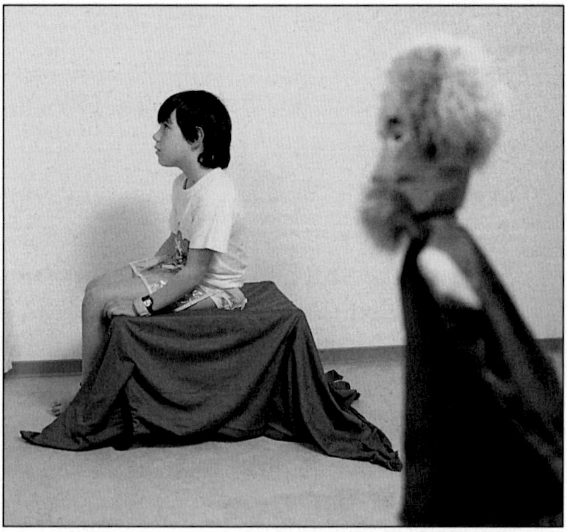

Abb.: Der KM muß (anders als auf dem Foto) hinter dem Kind stehen, also im Vordergrund das Kind und im Hintergrund den Riesen aufnehmen.

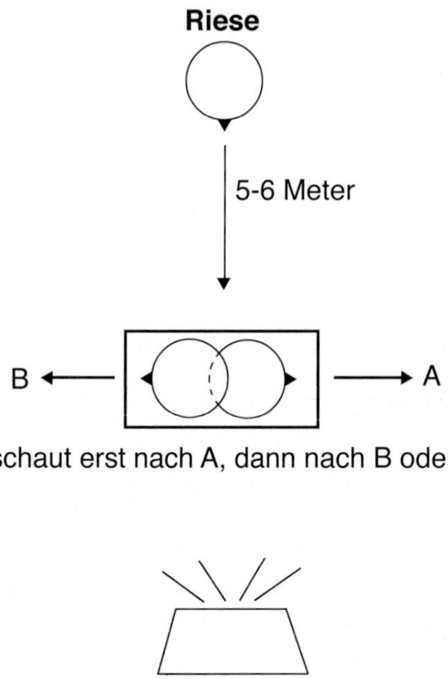

Kind (sitzt, schaut erst nach A, dann nach B oder umgekehrt)

Kamera (nimmt Kind und Riesen auf. Steht direkt hinter dem Kind)

NUMMER	**22**
ITEM	**Gleichgewicht/vestibuläre Wahrnehmung, Seitendifferenz/Asymmetrien, auditives Kurzzeitgedächtnis**
HANDLUNG	**Die Ritter warten mit verbundenen Augen**

Märchenlogik

Die Ritter gehen zum Riesen hinüber. Der Riese verlangt, daß sie mit verbundenen Augen warten müssen, bis der Riese ihnen die Spielsachen in die Hände legt. Er muß sie nämlich erst aus ihren Verstecken holen.

Instruktion

(Die Kinder stehen nebeneinander. An alle:)
Ich verbinde Euch jetzt die Augen...Streckt mal die Arme nach vorne aus und dreht die Hände mit gespreizten Fingern nach oben, damit der Riese dort etwas hineinlegen kann. Ich fürchte, Ihr müßt ein Weilchen ganz ruhig warten, bis der Riese soweit ist...

(Hier ist die Körperhaltung wichtig und muß ggf. nachkorrigiert werden: die Arme sollen starr nach vorn ausgestreckt und die Handflächen mit gespreizten Fingern nach oben gedreht sein. Wichtig ist ebenfalls ein leicht breitbeiniger Stand, um das Gleichgewicht halten zu können. Diese Haltung soll insg. etwa 30 Sek. beibehalten werden.)

(Der Riese grummelt ca. 20 Sek. vor sich hin und fragt danach jedes Kind, wobei er mit dem Kind beginnt, welches am unruhigsten ist, schwankt etc.:)

Was habe ich Dir eigentlich gesagt, was ich gestohlen habe? ...

(Wenn das Kind dies wiederholen kann, gibt er es dem Kind in eine Hand. Wenn nicht, erinnert er sich selbst und gibt es dem Kind. Dann fordert er es auf, die Augenbinde abzunehmen. Wenn alle Kinder die Augen wieder auf haben, verabschiedet sich der Riese.)

Beobachtungshinweise

Beim Stehen mit geschlossenen Augen und ausgestreckten Armen können auffällige Bewegungen der Arme oder Finger oder unwillkürliches Grimassieren auftreten.

Ebenso kann die Ausschaltung der visuellen Kontrolle zu ***Gleichgewichtsunsicherheiten*** führen, die stark seitenbetont sein können. (Gefahr, zu fallen!)
Diese Auffälligkeiten können unterschiedliche Ursachen haben und müssen ärztlicherseits (!) untersucht werden.
Weiterhin erfolgt eine Überprüfung des ***auditiven Kurzzeitgedächtnisses,*** indem das Kind sich an die genannten Gegenstände aus der letzten Übung erinnern soll.

Literaturhinweise

RUF-BÄCHTIGER 1987, 120f.
TOUWEN 1982, 94 f.

Material

je 1 Tuch zum Verbinden der Augen
je 1 kleines Spielzeug (der Riese hatte vorher geflüstert, welches)

Bewertung

Gleichgewicht/vestibuläre Wahrnehmung:

0 unauffällig, die Stellung der Füße wird nicht verändert, die Arme und Hände bleiben ruhig

1 leichte Bewegungsunruhe der Arme und Finger, zunehmende Bewegungen der Zehen und in den Sprunggelenken; das Kind stellt sich breitbeiniger hin; das Kind blinzelt unter der Augenbinde hervor, um eine gewisse visuelle Kontrolle zu haben

2 grobes Schwanken des ganzen Körpers, Ausfallschritt, die Daumen weisen immer mehr nach oben, ständige kleine Korrekturbewegungen der Arme und Finger, unwillkürliches Grimassieren; Ausfallschritt oder Festhalten durch den Spielleiter erforderlich; oder: das Kind lehnt ab, sich die Augen verbinden zu lassen und schließt die Augen nur kurz oder gar nicht

Seitendifferenz/Asymmetrien:

0 unauffällig, beide Körperseiten verhalten sich gleich

1 Körper neigt sich etwas nach einer Seite

2 Gefahr, nach einer Seite zu fallen
links auffällig rechts auffällig

Auditives Kurzzeitgedächtnis:

0 Kind kann den Gegenstand richtig benennen (beide Merkmale)

1 Kind erinnert sich nur an eins der beiden Merkmale

2 Kind kann sich nicht erinnern

NUMMER	**23**
ITEM	**Präferenzdominanz (Hand), Graphomotorik, Körperschema**
HANDLUNG	**Die Ritter malen sich Ausweise**

Märchenlogik

Die Ritter bekommen nun von Pfiffigunde ein Blatt Papier und einen Stift und malen sich selbst, um mit diesem Ausweis später wieder aus dem Drachenland heraus zu kommen.

Instruktion

(Die Kinder sitzen rittlings auf oder knien vor der Langbank. An alle:)
Malt bitte Euch selbst mit dem ganzen Körper auf das Blatt Papier. Ihr benötigt es als Ausweis, um wieder aus dem Drachenland herausgelassen zu werden.

Beobachtungshinweise

Die Bilder sollen Aufschluß über das ***Körperschema*** des Kindes geben. Sie dürfen nicht überinterpretiert werden, da Kinder mit visuomotorischen und Raumerfassungsstörungen Schwierigkeiten haben, die innere Vorstellungswelt auf den Malstift zu übertragen, und daher unreifer zeichnen. Solche Kinder sind mit dem Ergebnis ihrer Malerei nie zufrieden.

Auf der anderen Seite kann aus der Zeichnung oft auf die innere Einstellung des Kindes zu sich und seinem Körper geschlossen werden. Weglassungen, Verkleinerungen oder Schattierungen bzw. Betonungen von bestimmten Körperteilen können auf Probleme hinweisen, die das Kind mit seinem Körper hat.

Ab 6 Jahren zeichnen 90% der Kinder ohne Vorlage eine menschliche Gestalt mit 10 Teilen.

Beobachtet werden kann ebenfalls die ***Dominanz der Hand*** für Geschicklichkeit.

Stifthaltung und Anspannung der malenden Hand geben Aufschluß über die ***Graphomotorik***.

Literaturhinweise

Ruf-Bächtiger 1987, 44f., 146
Koppitz 1972
Ziler 1970
Frankenberg und Dodds 1967, in Kiphard 1983, 129

Material

je 1 leeres, weißes DIN A4 Blatt
je 1 Stift in der Farbe des jeweiligen Ritters

Bewertung

***Präferenzdominanz (Hand**: Geschicklichkeit):*

zeichnet mit
links rechts wechselnd

Graphomotorik:

0 lockere Stifthaltung, Pinzettengriff

1 zunehmend verkrampfte Schreibhand, durchgedrückter Zeigefinger

2 weiße, blutleere Fingerkuppen an der Schreibhand, oder Hand um den Stift gefaustet

Körperschema:

Es wird eine qualitative Bewertung empfohlen, die sich an Koppitz 1972 oder Ziler 1970 orientieren kann.

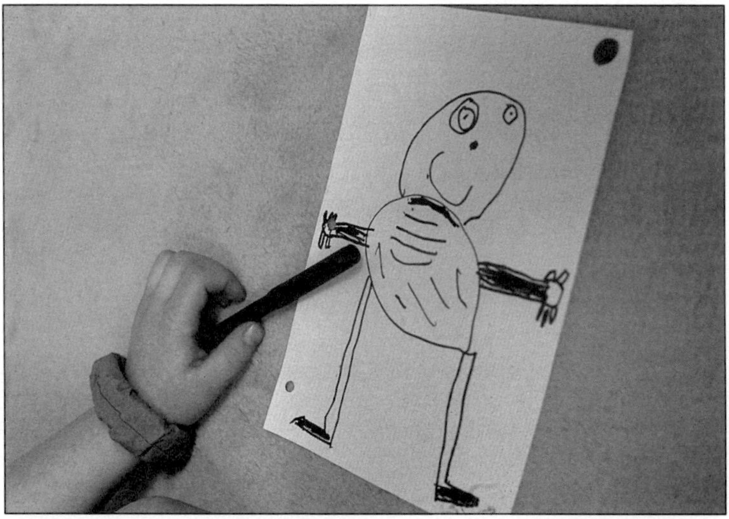

NUMMER	**24**
ITEM	**Gleichgewicht, Vestibuläre Wahrnehmung, Seitendifferenz/Asymmetrien, Mitbewegungen**
HANDLUNG	**Rückwärts balancieren**

Märchenlogik

Die Ritter gehen jetzt rückwärts im Liniengang über einen Strich, da sie zwar vorwärtskommen sollen, aber das Drachenland noch nicht sehen dürfen.

Instruktion

(An jeden einzelnen nacheinander:)
Gehe auf dieser geraden Linie rückwärts und (bei Kindern ab 7 Jahren) setze dabei genau Fuß hinter Fuß. ... (Nach der Hälfte der Linie für alle Altersgruppen:) und nun drehe Dich ganz um Dich selbst und gehe weiter rückwärts (evtl. vormachen).

Beobachtungshinweise

Der Liniengang rückwärts stellt hohe Anforderungen an die ***Gleichgewichtsreaktionen***.

Eine Übersensibilität in der ***vestibulären Wahrnehmung*** kann beim Drehen um sich selbst festgestellt werden. Eine normale Reaktion des Vestibulärorgans Innenohr auf eine Drehung des Kindes um sich selbst besteht darin, daß das Kind leichte Schwierigkeiten hat, das Gleichgewicht wiederzuerringen und dafür Ausgleichbewegungen ausführt. Kurz nach der Drehung wird wieder ein gutes Gleichgewicht erreicht, sodaß der weitere Weg so wie vor der Drehung ausgeführt werden kann. Bleiben Ausgleichbewegungen bzw. Abweichungen von der Linie länger bestehen, ist dies ein Zeichen für eine Übersensibilität des Verstibulärorgans.

Konstante Abweichungen der Schritte nach einer Seite weisen evtl. auf eine ***Seitenbetonung*** (Hemisyndrom) hin.

Weiterhin können ***Mitbewegungen*** beobachtet werden.

Literaturhinweise

Touwen 1982, 103f.
Ruf-Bächtiger 1987, 119

Material

ca. 7 Meter lange, gerade Linie auf dem Boden

Bewertung

Gleichgewicht:

0 Arme hängen meist neben dem Körper, geringe Balancierbewegungen bis zur Wende, 1 - 3 Abweichungen von der Linie bei 20 Schritten sind bis zu einem Alter von 9 Jahren als normal anzusehen

1 deutliche Balancierbewegungen, insgesamt 4 bis 10 Abweichungen auf 20 Schritte

2 ständige Ausweichschritte und starkes Balancieren nötig, das Kind ist nicht in der Lage, 2-3 Schritte hintereinander auf der Linie zu gehen

Vestibuläre Wahrnehmung:

0 nach der Drehung wird ein Schritt neben die Linie gesetzt und es sind Balancierbewegungen nötig, die aber kurz nach dem Ausfallschritt wieder ebenso häufig und stark sind wie vor der Drehung

1 nach der Drehung werden 2-3 Schritte neben die Linie gesetzt, die von deutlichen Ausgleichbewegungen begleitet werden, das weitere Balancieren fällt schwerer als vor der Drehung (leichte Übersensibilität)

2 nach der Drehung ist dem Kind schwindelig und es muß das weitere Balancieren unterbrechen (deutliche Übersensibilität). Auf den Boden setzen und Füße massieren lassen! Oder: Das Kind geht und dreht sich sehr langsam, steif und vorsichtig, so daß es ein Schwindelerlebnis vermeiden kann.

Seitendifferenz/Asymmetrien (Beine):

0 Kind tritt mit beiden Beinen gleich oft neben die Linie

1 Abweichungen kommen häufiger auf einer Seite vor

2 Abweichungen nur auf einer Seite

Abweichungen der Schritte von der Linie
v.a. links v.a. rechts gleich verteilt

Mitbewegungen:

0 keine Mitbewegungen oder lockere Spiegelbewegungen

1 zweifelhaft, ansatzweise Verkrampfungen von Hand und/oder Mund

2 deutliche assoziierte tonische Reaktionen, also Verkrampfungen von Hand und/oder Mund

NUMMER	**25**
ITEM	**Bilateralintegration (Kreuzkoordiniertes Bewegungsmuster), Nicht-integrierte Reaktion (Faustschluß)**
HANDLUNG	**Auf die blinde Hexe zukrabbeln**

Märchenlogik

Vor dem Drachenland hält die blinde Hexe Wache. An ihr müssen die Ritter vorbei. Damit sie nicht erkannt und verzaubert werden, krabbeln die Ritter, als wenn sie das Drachenkind wären.
Anmerkung: Jedes Kind führt die Beobachtungssituationen 25 und 26 in einem Zuge durch, bevor das nächste Kind folgt.

Instruktion

(Pfiffigunde an alle:)
Was ich jetzt dem Ritter sage, der als erster loskrabbelt, gilt für Euch alle. Versuche mal, an der Hexe vorbei zu krabbeln. Vielleicht denkt sie, Du wärst der kleine Drache. Wenn sie Dich aber ruft, dann bleibe stehen und warte, was sie will. Und v.a., rede kein Wort, sonst weiß sie sofort, daß Du nicht der kleine Drache bist...

Wenn sie Dir Plätzchen geben will, nimm diese vorsichtig in den Mund, laß sie dann aber behutsam auf den Moosklotz fallen, denn sie sind giftig für Menschen, wenn man sie länger im Mund behält. Nimm sie aber trotzdem in der Hand mit; Du brauchst sie noch für den Drachenvater. Gleich winke ich, dann kann der erste loskrabbeln. Wenn er die Plätzchen bekommen hat, krabbelt der nächste los. Noch Fragen? (Spielleiter verwandelt sich zur Hexe – hält Pfiffigunde aber hinter dem Rücken – und setzt sich ein paar Meter entfernt, hinter dem Moosklotz auf den Boden).

Beobachtungshinweise

Krabbeln ist ein ***kreuzkoordiniertes Bewegungsmuster*** und damit eine Leistung der ***Bilateralintegration***. Zu beurteilen ist Bewegungsfluß und -harmonie, gleicher Rhythmus der Bewegungen von Arm und gegenüberliegendem Bein, – auch, ob das Bewegungsmuster schnell und geschmeidig ausgeführt werden kann.

Wenn die Hände nach vorn oder leicht zur Seite zeigen und geöffnet und locker sind, ist die Reaktion des Faustschlusses gut integriert. Eine ***nicht-integrierte***

Reaktion zeigt sich darin, daß die Berührung der Handinnenflächen durch den Boden zu einem Faustschluß führt, das Kind also mit gefausteten oder verkrampften Händen krabbelt. Dies ist ein Hinweis auf unausgereifte oder geschädigte Hirnstrukturen.

Literaturhinweise RUF-BÄCHTIGER 1987, 124

Material blinde Hexe (s. Bastelanleitung)
längere Matte oder Teppichboden zum Krabbeln...
Moosklotz (ca. 20 cm hohes Höckerchen o.ä.)

Bewertung ***Bilateralintegration (Kreuzkoordiniertes Bewegungsmuster):***

0 unauffällig, flüssig, symmetrisch, linker Arm und rechtes Bein sind vorne, dann rechter Arm und linkes Bein usw., Kopf und Hals drehen sich dabei etwas zur Seite der vorderen Hand

1 zweifelhaft, stockend oder überhastet, leicht unsymmetrisch

2 auffällig, unkoordiniert, deutlich unsymmetrisch (Arm einer Seite und Bein der Gegenseite bewegen sich nicht im gleichen Rhythmus)

Nicht-integrierte Reaktion (Faustschluß):

0 unauffällig, lockere, geöffnete Hände

1 Handinnenflächen berühren nicht den Boden

2 Hände sind verkrampft oder beim Krabbeln gefaustet

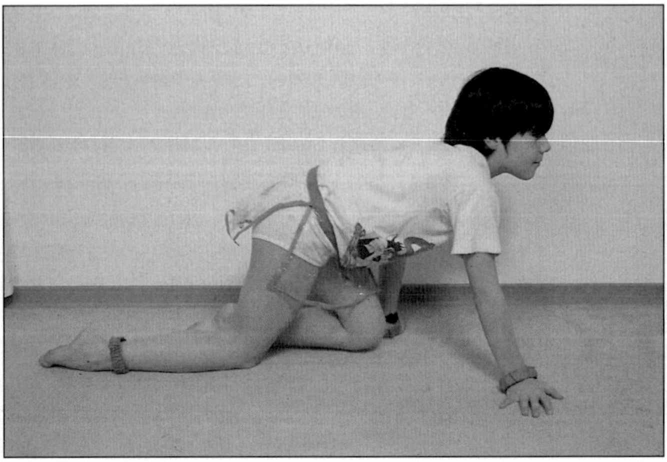

NUMMER	**26**
ITEM	**ATNR und STNR (asymmetrisch-tonische und symmetrisch-tonische Nackenreaktion)**
HANDLUNG	**Die Ritter werden von der Hexe mit Plätzchen gefüttert**

Märchenlogik

Die Hexe denkt, daß der kleine Drache zu ihr kommt, weil er Hunger hat und füttert ihn mit 2 Plätzchen. Auch die nächsten beiden Ritter hält sie jeweils für den kleinen Drachen und verfüttert 4 weitere Plätzchen. Die Hexe reicht die Plätzchen mal von der linken, mal von der rechten Seite an und 'der kleine Drache' nimmt jedes zuerst in den Mund, als wenn er es fressen wollte. Dann neigt er den Kopf und läßt es auf den Moosklotz fallen, weil nur wirkliche Drachen solche Drachenplätzchen vertragen.

Instruktion

(Kinder halten in Krabbelhaltung vor der Hexe. Hexe an jeden einzelnen nacheinander:)
Ach, Du bist es, kleiner Drache. Hier, ich habe ein Plätzchen für dich... (von der Seite anreichen; wenn das Kind nicht weiß, was es wie tun soll, kommt Pfiffigunde hervor und hilft leise, drückt den Kopf beim Moosklotz etwas herunter etc.)...Und hier noch ein Plätzchen... (von der anderen Seite anreichen)... Ich weiß ja, daß Du Hunger hast... So, jetzt zieh mal weiter...
(Beim 2. und 3. Kind überrascht reagieren, daß der kleine Drache soviel Hunger hat.)

Beobachtungshinweise

Sobald die Kinder den Kopf zur Seite drehen, um ein Plätzchen zwischen die Zähne zu nehmen, ist darauf zu achten, ob der gesichtsseitige Arm gestreckt und der hinterkopfseitige Arm gebeugt wird (nur zu sehen, wenn vor dem Drehen des Kopfes die Ellbogen nicht starr durchgedrückt waren). Dies würde dafür sprechen, daß die Reaktion noch nicht integriert ist, sondern als Reflex überdauert ***(ATNR),*** was als ein Hinweis auf zumindest eine Reifungsverzögerung des Gehirns zu bewerten ist. Wenn das Kind den Kopf neigt, um das Plätzchen zu Boden fallen zu lassen, kommt es bei enthemmten tonischen Reflexen zu einer deutlichen

Krümmung der Wirbelsäule, und die Ellbogen und abstützenden Handflächen sind leicht gebeugt **(STNR)**.
Anmerkung: Es ist sehr schwierig, auf dem vorgeschlagenen Wege genau die Körperhaltungen des Kindes zu erzeugen, die für eine qualifizierte Beurteilung der STNR und des ATNR notwendig sind. Die jeweilige Haltung des Kindes müßte aktiv vom SL korrigiert werden, – eine Vorgehensweise, die mit einer Märchenlogik nur schwerlich zu vereinbaren ist. (Vgl. Cárdenas in Cárdenas (Hrsg.) 1998: Tips zur Durchführung ...)

Literaturhinweise

RUF-BÄCHTIGER 1987, 13f., 124
BRAND/BREITENBACH/MAISEL 1988, 119

Material

je 2 Plätzchen (s. Bastelanleitung)
Hexe

Bewertung

Tonische Nackenreaktionen
(Nicht-integrierte Reaktionen; bei a) zusätzlich: Seitendifferenz/Asymmetrien)

a) ***ATNR (asymmetrisch-tonische Nackenreaktion)****:*

0 unauffällig, beide Arme sind gleich gestreckt bzw. gleich angebeugt

1 zweifelhaft, der hinterkopfseitige Arm scheint bei einem Mal etwas angebeugter zu sein

2 die ATNR ist bei der Drehung des Kopfes zu einer Seite deutlich sichtbar: hinterkopfseitiger Arm ist deutlich angebeugter, die dazugehörige Handfläche evtl. etwas vom Boden abgehoben (flektiert), evtl. (leichte) Streckbewegung des gesichtsseitigen Beins

Seitendifferenz/Asymmetrien:

Falls die ATNR nur auf einer Seite auffällt, ist dies

links rechts

(Seite des gebeugten Arms ankreuzen, Bewertungsziffer übernehmen)

b) ***STNR (symmetrisch-tonische Nackenreaktion)****:*

0 unauffällig, beim Neigen des Kopfes bleiben Arme und Rücken in der vorherigen Stellung

1 zweifelhaft, beim Neigen des Kopfes werden die Arme im Ellbogen etwas angebeugt, auch der Rükken ist etwas gekrümmt

2 STNR deutlich sichtbar: beim Neigen des Kopfes werden die Arme angebeugt, auch die abstützenden Finger können angebeugt sein. Der Rücken ist deutlich gekrümmt. Die Beine werden evtl. (leicht) gestreckt.

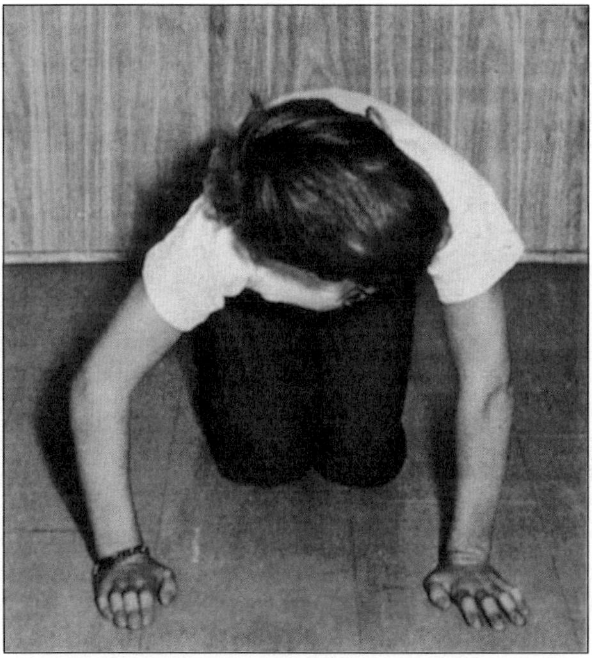

Abb.: Die asymmetrisch-tonische Nackenreaktion.

NUMMER	**27**
ITEM	**Visuelle Figur-Grund-Wahrnehmung, Graphomotorik**
HANDLUNG	**Aus den Plätzchen wird Kunst für den Drachenvater**

Märchenlogik

Nachdem die Hexe sich schlafen gelegt hat, untersuchen die Ritter mit Pfiffigunde die Drachenplätzchen und entdecken, daß sie sich nach etwas Verschönerung sehr gut als Kunstgeschenke für den Drachenvater eignen.

Instruktion

(Die Kinder knien oder sitzen am Boden. An alle:)

1. Nehmt erst einmal das bunte Plätzchen auf. Wir schütten 'mal die einzelnen Teile aus der kleinen Tasche heraus. Welche von diesen Gegenständen (Küchengeräte einzeln zeigen) sind in diesem aufgeklebten Bild versteckt? ...Legt diese neben das Plätzchen und gebt mir die anderen, die nicht in dem Bild versteckt sind, – ich tue sie in meine Tasche...

   (Wenn alle Kinder fertig sind:)

2. Klappt nun das weiße Plätzchen auf. Seht Euch das Bild mit den Tieren an (kontrollieren, ob die Ritter das richtige Bild ansehen). Schaut mal, wieviel verschiedene Tiere es sind und schreibt die Zahl auf das leere kleine Blatt. Wer nicht zählen oder schreiben kann, zeigt sie mir oder sagt, welche es sind, dann schreibe ich es auf. Legt das Zettelchen neben das Bild.

   (Wenn alle Kinder fertig sind:)

3. Nun seht Euch die Seite mit den Schlangenlinien an. Hier sollt Ihr in den Schlangenlinien versteckte Kreise bzw. Bälle finden. Malt die Linien der Kreise mit Eurem farbigen Stift nach.

Beobachtungshinweise

Alle drei Aufgaben fragen die Fähigkeit zur ***visuellen Figur-Grund-Wahrnehmung*** ab, also der Fähigkeit, bestimmte Figuren vor einem verwirrenden Hintergrund quasi hervortreten zu lassen.

Die Ritter sollen diese Figuren identifizieren bzw. nachmalen.

Schwierigkeiten in der Figur-Grund-Wahrnehmung äußern sich oft als Konzentrationsstörungen. Das Kind kann sich nicht auf den relevanten Reiz konzentrieren und ist so erhöht ablenkbar. Häufig tritt die Figur-Grund-Störung, auch Selektionsstörung genannt, zusätzlich im auditiven und taktilen Wahrnehmungskanal auf.

Stifthaltung und Anspannung der zeichnenden Hand geben Aufschluß über die **Graphomotorik**.

Literaturhinweise

Ruf-Bächtiger 1987, 137
Brand/Breitenbach/Maisel 1988, 66f., 113

Material

je 2 Plätzchen aus der vorigen Übung
je 1 Stift der eigenen Farbe
je 1 kleines, leeres Blatt

Bewertung

Graphomotorik:

0 lockere Stifthaltung und Pinzettengriff

1 zunehmend verkrampfte Schreibhand, durchgedrückter Zeigefinger

2 weiße, blutleere Fingerkuppen an der Schreibhand, Hand um den Stift gefaustet

Visuelle Figur-Grund-Wahrnehmung:

Aufgabe 1:

0 5 richtige Lösungen

1 4 richtige Lösungen

2 1-3 richtige Lösungen

Lösungen:

Löffel, Kaffeekanne, Messer, Terrine mit Deckel, Schüssel oder Durchschlag
(nicht enthalten: Stieltopf, Gabel, Milchkanne)

Aufgabe 2:

0 5 Tiere (müssen nicht benannt werden)

1 4 Tiere (müssen nicht benannt werden)

2 1-3 Tiere (müssen nicht benannt werden)

Lösungen:

Fünf Tiere (Hase oder Kaninchen, Eichhörnchen, Pinguin, Katze, Schmetterling)

Aufgabe 3:

0 5 oder 6 korrekt nachgemalte Kreise (die gemalte Linie darf sich nicht an Linien orientieren, die nicht zu den Kreisen gehören)

1 3 oder 4 korrekt nachgemalte Kreise (die gemalte Linie darf sich nicht an Linien orientieren, die nicht zu den Kreisen gehören)

2 bis zu 2 korrekt nachgemalte Kreise (die gemalte Linie darf sich nicht an Linien orientieren, die nicht zu den Kreisen gehören)

Lösung:

6 Kreise

NUMMER	**28**
ITEM	**Bilateralintegration, Leistungsdominanz (Hand)**
HANDLUNG	**Einschläfern des Wächters**

Märchenlogik

Die Ritter erreichen das Drachenschloß, vor dem ein Räuber Wache hält. Pfiffigunde sagt ihnen, daß sie mit Zauberkreisen, die sie mit den Zeigefingern in die Luft zeichnen, den Wächter einschläfern können. Pfiffigunde macht ihnen die Kreise vor. Nachdem der Wächter eingeschlafen ist, legen die Ritter ihre Goldstücke leise rund um ihn aus, um ganz sicher zu gehen, daß er sie nicht verfolgen wird.

Instruktion

(Die Kinder stehen vor Pfiffigunde. An alle:)
Macht einfach mit, was ich Euch mit Armen und Händen vormache... (Mindestens je 6 Kreise bei allen vier Durchgängen vormachen. Vor jedem Wechsel:) Und jetzt...

Beobachtungshinweise

Mit diesem Test kann die ***Bilateralintegration*** als Ergebnis der Kooperation der rechten und linken Gehirnhälfte beurteilt werden. Die ersten 2 spiegelbildlichen Kreisanordnungen können i.d.R. 6-Jährige und viele 5-Jährige nachmachen. Bei den letzten 2 Kreisanordnungen bewegt sich eine Hand zur Körpermitte hin, die andere davon weg. Die für diese Bewegungen notwendige Integrationsleistung des Großhirns sowie der reibungslose Wechsel von einer Kreisformation zur anderen gelingt häufig erst 8-Jährigen. Bei Schwierigkeiten können auch grundlegendere Fähigkeiten gestört sein, so z.B. die kinästhetische Wahrnehmung, die Informationen aus den Muskeln, Sehnen und Gelenken an Hirnstamm und Kleinhirn liefert.

Die Kreise können auf den ***Körperseiten*** unterschiedlich gut ausfallen.

Literaturhinweise

TOUWEN 1982, 92ff.

Material

1 Wächter (Kasperlepuppe: Räuber, Förster etc.)

Bewertung

Bilateralintegration:

a) Spiegelbildliche Kreise (ab 6 Jahren, 5-Jährige eine Stufe besser bewerten, wenn nicht Bewertung 0):

0 fehlerlose Kreise auf beiden Seiten

1 rechts und links unterschiedlich gut geformte Kreise

2 auf beiden Seiten Kreise schlecht geformt oder als Kreise nicht zu erkennen (z.B. horizontale, vertikale oder schwankende Bewegungen)

Leistungsdominanz (Hand):

besser geformte, gleichmäßigere Kreise mit
links rechts unentschieden

*b) Gleichgerichtete Kreise (*ab 8 Jahre, sonst generell Bewertung 0):

0 fehlerlose Kreise auf beiden Seiten

1 rechts und links unterschiedlich gut geformte Kreise zwischen beiden Armen

2 auf beiden Seiten Kreise schlecht geformt oder als Kreise nicht zu erkennen

Leistungsdominanz (Hand):

besser geformte, gleichmäßigere Kreise mit
links rechts unentschieden

c) Wechsel zwischen spiegelbildlichen und gleichgerichteten Kreisen (ab 8 Jahre, sonst generell Bewertung 0):

0 unauffällig

1 Zögern beim Wechsel und danach evtl. einige ungleichmäßig geformte gleichgerichtete Kreise

2 alle gleichgerichteten Muster verformt

Richtungen der Kreise:

1. 
2. 
3. 
4. 

NUMMER	**29**
ITEM	**Bilateralintegration (homolaterales Bewegungsmuster)**
HANDLUNG	**Die Ritter geben vor, zu schlafen**

Märchenlogik

Damit der Wächter sich sicher fühlt, geben die Ritter vor, ebenfalls eingeschlafen zu sein. Sie legen sich in ihrer bequemsten Schlafhaltung auf den Boden und schnarchen. Erst, als Pfiffigunde ihnen ein Zeichen gibt, stehen sie wieder auf.

Instruktion

(Die Kinder stehen vor Pfiffigunde. An alle:)
Ich habe das Gefühl, als hätten Eure Kreise schon ein wenig gewirkt...Damit der Wächter sich ganz sicher fühlt, tut Ihr doch auch am besten so, als ob ihr eingeschlafen seid. Legt Euch ganz bequem auf den Bauch auf den Boden, räkelt Euch etwas herum und macht die Augen zu, – ganz so, als wärt Ihr zuhause im Bett, o.k.? Ihr könnt sogar etwas schnarchen! Ich sage Euch Bescheid, wenn der Wächter ganz sicher schläft.

Beobachtungshinweise

Beim bequemen auf-dem-Bauch-Liegen sollte ein homolaterales Schlafmuster eingenommen werden, d.h. das gebeugte Bein liegt auf der selben Seite wie das Gesicht. Dreht das Kind seinen Kopf auf die andere Seite, wird das gebeugte zum gestreckten Bein und das andere, jetzt gesichtsseitige Bein beugt sich an.

Literatur-Hinweise

–

Material

entweder Teppichboden oder Matten

Bewertung

Bilateralintegration (homolaterales Schlafmuster):

0 Bewegungsmuster gut erkennbar und sicher bei Veränderung der Schlafhaltung

1 Bewegungsmuster nicht immer gut zu erkennen (z.B. gesichtsseitiges Bein fast gestreckt)

2 Bewegungsmuster nicht vorhanden, Gesicht weist z.B. zum gestreckten Bein. Beinhaltung ändert sich nicht, auch wenn der Kopf gedreht wird

NUMMER	**30**
ITEM	**Mundmotorik, Mitbewegungen**
HANDLUNG	**Die Drachen werden abgeschreckt**

Märchenlogik

Als der Räuber eingeschlafen ist, weckt Pfiffigunde die Ritter und zeigt ihnen einen Trick: Wenn sie sich bedroht fühlen, sollen sie sich die Lippen lecken, damit die Drachen glauben, die Ritter wollten sie fressen. Aus Spaß macht Pfiffigunde weitere Bewegungen vor, die die Ritter nachahmen sollen.

Instruktion

(Die Kinder stehen vor Pfiffigunde. An alle:) (vormachen:) ...Jetzt leckt Euch mal die Lippen, damit die Drachen denken, Ihr wolltet sie fressen...Und jetzt anders herum...Könnt Ihr auch die Zunge ganz weit herausstrecken? ... Ja, gut so... Und nun blast mal die Backen auf, könnt Ihr das auch? ...

Beobachtungshinweise

Spätestens ab dem Schulalter sind die Bewegungen i.d.R. geschmeidig und rasch. Hat das Kind mit diesen Bewegungsabläufen Mühe oder verdreht dabei die Augen, sollte das Kind dem Arzt vorgestellt werden. Auch Mitbewegungen können beobachtet werden.

Literaturhinweise

RUF-BÄCHTIGER 1987, 124
TOUWEN 1982, 139f.
BRAND/BREITENBACH/MAISEL 1988, 111f.

Material

—

Bewertung

Mundmotorik:

0 Bewegungen geschmeidig und rasch

1 Bewegungen langsam, aber geschmeidig

2 Bewegungen langsam, stockend und nur mit Mühe, Speichelfluß, Mundschluß beim Backen aufblasen nicht möglich

Mitbewegungen:

0 keine Mitbewegungen oder lockere Spiegelbewegungen (Hände, Augen gehen z.B. in gleiche Richtung wie die Zunge)

1 zweifelhaft, ansatzweise Verkrampfungen der Hände/Augenmuskeln

2 deutliche assoziierte tonische Reaktionen, also Verkrampfungen der Hände/der Augenmuskulatur

5- und 6-Jährige eine Stufe besser bewerten, wenn nicht Bewertung 0

Abb.: Schlafmuster (Beobachtungssituation 29).

NUMMER	**31**
ITEM	**Körperschema**
HANDLUNG	**Die Ritter schlüpfen durch's Drachenschloßtor**

Märchenlogik

Damit nicht soviel Menschengeruch in das Drachenschloß eindringt, dürfen die Ritter das Tor nur gerade so weit aufmachen, wie es nötig ist, um hindurch zu schlüpfen. Dabei soll ein Ritter durchgehen, ein Ritter kriechen und ein Ritter seitlich durchschlüpfen.

Instruktion

(Die Kinder stehen vor dem Tor. An jeden einzelnen nacheinander:)
Damit durch das Tor nur ganz wenig Menschenluft hereinkommt, – sonst werden die Drachen nur noch gieriger –, sage mir STOP, wenn Du gerade noch durchgehen kannst...(zum zweiten Kind:) wenn Du gerade noch durchkrabbeln kannst...(zum dritten Kind:) wenn Du gerade noch seitlich durchschlüpfen kannst...

Beobachtungshinweise

Die Kinder brauchen zur Erfüllung dieser Aufgabe ein intaktes ***Körperbild***. Sie müssen eine Vorstellung von der Ausdehnung ihres Körpers und ihren Körpergrenzen bei unterschiedlichen Körperhaltungen entwickelt haben.

Literaturhinweise

RUF-BÄCHTIGER 1987, 146

Material

Tor aus Laken (s. Bastelanleitung)

Bewertung

Körperschema:

0 bis 10 cm Abweichung

1 bis 25 cm Abweichung

2 über 25 cm Abweichung

9. Auswertungshinweise, Zusammenhänge zwischen verschiedenen Beobachtungssituationen

Die Bewertungskriterien sind entweder der Fachliteratur entnommen oder aus eigenen Beobachtungen und Beobachtungen anderer Fachkräfte entstanden. Die Quellen sind bei den jeweiligen Items aufgeführt.

Ich habe eine *Bewertungsskala* von 0 (unauffällig) über 1 (zweifelhaft) bis 2 (auffällig) gewählt, – jede weitere Differenzierung würde dem Gegenstand m.E. nicht gerecht. Nach meinen bisherigen Erfahrungen reicht diese Skala aus, um zu entscheiden, ob eine Förderung eingeleitet werden sollte. In Zweifelsfällen können weitere Verfahren hinzugezogen werden.[1]

Die Skala könnte auch mit

0 = im Bereich der Norm, daher keine besondere Förderung notwendig,

1 = sollte sorgfältig beobachtet werden, Förderung sinnvoll,

2 = grob auffällig, daher weitere diagnostische Abklärung empfohlen; gezielte Förderung notwendig, evtl. sollte auch therapeutische Hilfe in Anspruch genommen werden,

übersetzt werden.

9.1 Erläuterungen zum Profilbogen

Sobald die jeweiligen Ergebnisse vom Beobachtungsbogen auf den *Profilbogen* (vgl. im Anhang) übertragen worden sind, besteht die Möglichkeit, die einzelnen Bewertungen zu verschiedenen Bereichen zusammengeführt zu betrachten und dadurch einen Überblick über das Profil der Schwächen im Wahrnehmungs- und Bewegungsverhalten zu gewinnen.

Dies erleichtert uns z.B. die Einschätzung,

- ob wir entweder ein harmonisch entwicklungsverzögertes Kind vor uns haben, welches vermutlich viele Bewertungen mit der Beurteilung 1 über mehrere Bereiche verteilt bekäme,
- ob bei dem Kind eine organische Beteiligung (sprich: mit einer minimalen Zerebralparese) an den Hirnfunktionsstörungen vorliegt, was sich an Bewertungen mit 2 im grobmotorischen Bereich, v.a. durch das Auftre-

[1] Für den Bereich der motorischen Überprüfungen wäre z.B. zu nennen: DMB, KTK, LOS-KF, MOT 4-6, für den Bereich der Perzeption FEW (nur visuelle Wahrnehmung), DIAS und SCSIT.

ten assoziierter tonischer Reaktionen, nicht integrierter Reflexe, pathologischer Muskelspannung etc. zeigen würde,

- oder ob es sich eher um isolierte perzeptive Störungen oder Unsicherheiten in der motorischen Koordinationsfähigkeit, die zu 1er und vereinzelten 2er Bewertungen in bestimmten Bereichen führen würden,

handelt.

Wir bekommen weiter ein differenziertes Abbild der Seitigkeitsentwicklung von Hand, Auge, Ohr und Fuß/Bein, ebenso wie Informationen zur Zusammenarbeit der beiden Körperhälften durch die Überprüfung der Bewegungsmuster und der Fähigkeit zum Überkreuzen der Körpermittellinie.

9.2 Zusammenhänge zwischen einzelnen Beobachtungssituationen

9.2.1 Zur Beurteilung der Augenmotorik und der Auge-Hand-Koordination

- Zeigen sich keine Auffälligkeiten im Ablauf der Augenbewegungen beim Verfolgen des fremdbewegten Zauberstabs (6a), dagegen eine schlechte Synchronität zwischen Auge und Hand, wenn der Stab selbst bewegt wird (6b), so liegt eine Schwäche in der **Auge-Hand-Koordination** vor. Dies Ergebnis kann man absichern mit Beobachtungssituation (7): wird der Stift z.B. weitergeführt, obwohl die Augen abschweifen, oder die Linienführung muß korrigiert werden bzw. das Ergebnis ist falsch, so sind die Probleme beim Nachfahren einer vorgezeichneten Linie in der Regel auf die fehlende Übereinstimmung zwischen Hand- und Augenbewegungen zurückzuführen.

Oft kann man auch einen Zusammenhang zwischen der *Schrift* und der Auge-Hand-Koordination beobachten: dem über-das-Ziel-Hinausschießen der Augen entspricht eine gewisse Fahrigkeit der Schrift, – holprige, ruckhafte Schrift entspricht dagegen den ruckhaften Augenbewegungen bzw. den Augensprüngen.

Das fremdbewegte Verfolgen des Stabes ist für viele Kinder noch schwerer, so wie ja auch eine schlecht entwickelte **Augenmotorik**[2] anfänglich am besten mit der ontogenetisch früher entwickelten Auge-Hand-Koordina-

[2] Im Zweifelsfall sollte ein Optometrist bzw. ein guter Augenarzt aufgesucht werden, dem die Auffälligkeiten genau geschildert werden sollten. In vielen Fällen wird es weniger um die Verschreibung einer Brille gehen, als um ein gezieltes Augenmotoriktraining, das z.B. auch von manchen 'Sehschulen' angeboten wird.

tion trainiert werden kann, da hier die Bewegungen des Auges durch die Bewegungen der Hand 'geführt' werden.

Ist die Augenmotorik ungenügend entwickelt, die Auge-Hand-Koordination aber unauffällig, so wird das Kind wenig Probleme mit dem Nachfahren der Linie haben (Beobachtungssituation 7), aber die Aufgabe, das eigene Zauberseil nur mit den Augen herauszufinden (Beobachtungssituation 8), nicht bewältigen können[3].

Schwierigkeiten in Aufgabe 8 und in Aufgabe 7 können dagegen aus dem Umstand resultieren, daß das Kind sich von dem verwirrenden Hintergrund ablenken läßt, also Probleme mit der **Figur-Hintergrund-Differenzierung** hat. Dies liegt besonders dann nahe, wenn das Kind in den Aufgaben 6a und b keine Schwierigkeiten hatte, dagegen auch in Aufgabe 27.

- Achten Sie bei Beobachtungssituation 7, 20, 23, und 27 darauf, ob das Kind die Augen zu nah über das Papier hält; dies könnte daran liegen, daß das Kind kurzsichtig ist oder daß es vermeiden möchte, beidäugig zu sehen, weil es dann Doppelbilder sieht (Untersuchung beim Augenarzt angebracht).

9.2.2 Zur Beurteilung der Lateralitätsentwicklung

Es werden mehrere Parameter erfaßt:

a) **Bilateralintegration**, also das koordinierte Zusammenspiel beider Körperhälften, darunter

  - *Kreuzen der Körpermittellinie:*

    bei einer gestörten Bilateralintegration kann die Tendenz bestehen, die Körpermittellinie, also die gedachte Senkrechte, die den Körper in zwei symmetrische Hälften teilt, nicht mit dem Arm und der Hand zu überqueren und stattdessen jeweils mit der Hand der zugehörigen Seite zu agieren, siehe Beobachtungssituation 3,

  - *simultanes, homolaterales und kreuzkoordiniertes Bewegungsmuster:*

    diese Einteilung folgt Delacato, der damit drei notwendige aufeinanderfolgende Stadien in der Entwicklung der senso-motorischen Koordination benennt. Das vierte Stadium ist das kreuzkoordinierte

---

[3] Eine Reihe von Legasthenikern hat große Probleme mit dem sequentiellen Abtasten der Buchstabenreihe, hervorgerufen durch eine ungenügende Augenmotorik. Verständlich, daß bei diesen Kindern die höhere Leistung des Synthetisierens (Zusammenschleifen der Silben) beim Lesen nicht möglich ist und auch ein übliches Rechtschreibtraining wenig hilft.

aufrechte Gehen (im Unterschied zum kreuzkoordinierten Krabbeln, Stadium III), das während der Durchführung des Screening-Verfahrens in vielerlei Situationen beobachtet werden kann und daher nicht gesondert in einer eigenen Beobachtungssituation untersucht wird. Das fünfte und letzte Stadium ist das der Lateralität und Hemisphärendominanz, das eigens unter b) mit der Untersuchung der Händigkeit, Äugigkeit, Ohrigkeit und Füßigkeit thematisiert wird.

Laut Delacato kann eine nicht erfolgte oder verspätet einsetzende Lateralisierung/Hemispärendominanz v.a. zu Leseschwierigkeiten führen, ebenso wie ein Training der nicht-automatisierten Bewegungsmuster zu einer Verbesserung der Schulleistungen führen kann.

b) **Präferenz- und Leistungsdominanz** von Hand, Auge, Ohr und Bein/Fuß.

Präferenzdominanz korreliert hoch (r=0,78) mit der Leistungsdominanz[4] und manifestiert sich zwischen dem 7. Lebensmonat und dem 3. Lebensjahr. Leistungsdominanz zeigt sich dagegen erstmals um das 4. Lebensjahr[5].

Ca. jedes 5. Kind ist linkshändig, davon sind 3/4 Jungen. Umerziehungsversuche und damit zugleich Verzögerungen der Entwicklung kortikaler Hemisphärendominanz sind – wie durch Langzeitbeobachtungen festgestellt wurde – Ursache für verschiedene Störungen: motorische Unruhe, Schwierigkeiten in der Schule, Neurotisierung, Sprachstörungen und Verhaltensauffälligkeiten.

Der Grundsatz muß hier lauten: die anlagebedingte Seitigkeit stärken. Eine Einschätzung, welche Seite anlagemäßig das Übergewicht hat, kann in dem Screening-Verfahren mit 15 Funktionsproben begründet gefällt werden.

Vieles spricht dafür, daß ein enger Zusammenhang zwischen der Seitigkeitsentwicklung und dem Erlernen von Lesen und Schreiben besteht. So beginnen die Kinder mit dem Lesen und Schreiben mit 6 Jahren, obwohl viele Jungen erst mit 7 bis 8 Jahren eine klare Händigkeit entwickelt haben, die Mädchen dagegen oft schon mit 4-5 Jahren. Eine Lese-Rechtschreibschwäche, die bei Jungen gehäuft auftritt, geht meist mit 8 bis 10 Jahren zurück, also zu der Zeit, wo die Lateralisierung auch bei den Jungen in aller Regel abgeschlossen ist.

---

[4] Kirchert 1979, 55ff.

[5] Schilling 1979, 37

Viele Untersuchungen haben auch ein gehäuftes Auftreten von Stottern und Lese-Rechtschreibschwäche bei *gekreuzter Lateralität* [6] gefunden[7]; auch SCHENK-DANZINGER [8] nimmt „mit Sicherheit an", „daß Legasthenie dadurch zustandekommt, daß die für das Erlernen des Lesens und Rechtschreibens nötige Interaktion der Hemisphären nicht zur richtigen Zeit und im richtigen Ausmaß gegeben ist". Die Empfehlungen gehen z.B. dahin, durch eine Verstärkung der Lateralisierung, also die gezielte Benutzung nur einer Körperhälfte, zu einer eindeutigeren Hemisphärendominanz zu kommen, sodaß dadurch in der Folge auch die Lese-Rechtschreibschwäche abnimmt. Vorgeschaltet sein sollte allerdings die Untersuchung z.B. beim Augenarzt, um auszuschließen, daß das jetzt steuernde Auge nur kompensatorisch zum dominanten geworden ist, da das ursprünglich dominante Auge eine Sehschwäche entwickelt hat. In diesem Fall müßte erst der Sehfehler ausgeglichen werden. Das gleiche gilt für mögliche Bewegungsstörungen in Arm oder Bein auf der ursprünglich dominanten Seite. Erworbene Leistungseinbußen auf der führenden Seite können der Hintergrund für ein Auseinanderfallen von Leistungs- und Präferenzdominanz sein: Bei Aufgaben, die einseitig ausgeführt werden sollen und eine größere Sehschärfe/Geschicklichkeit erfordern, wird die nicht-führende Seite (Auge bzw. Hand) gewählt, in den anderen Situationen führt das ursprünglich (und weiterhin) dominante Auge/Hand.

An dieser Stelle kann ebenfalls eine Beziehung zur visuellen Wahrnehmung in Beobachtungssituation 20 hergestellt werden: Ist die Körperdominanz noch unausgeprägt, so hat das Kind Schwierigkeiten, ein Koordinatensystem mit eindeutiger Orientierung für rechts, links, oben und unten am eigenen Körper zu bilden und kreuzt evtl. gekippte oder gedrehte Figuren statt der gesuchten an. Dies Phänomen der sog. Raumlagelabilität tritt auch bei der Lese-Rechtschreibschwäche gehäuft auf [9].

---

6 Gekreuzte Lateralität bedeutet, daß zum Beispiel die rechte Hand und das linke Auge bevorzugt benutzt werden, was eine weit größere Anzahl von Verschaltungen zwischen den Hemisphären über den Balken hinweg notwendig macht.

7 Gekreuzte Lateralität oder auch Linkshändigkeit haben als isolierter Befund entgegen früheren Einschätzungen dagegen keine klinische Bedeutung. SOVÁK (1968) findet z.B. eine gekreuzte Lateralität bei 61,8 % gesunder Kinder, sodaß man eigentlich nicht von einer Hemisphärendominanz als ganzer, sondern von der Dominanz bestimmter kortikaler Bereiche sprechen sollte. Nur bei Nachweis anderer Zeichen einer geringen neurologischen Funktionsstörung können sie als assoziierte Zeichen gewertet werden (vgl. TOUWEN 1982, 145).

8 SCHENK-DANZINGER (1984), 27.

9 GRISSEMANN (1986, 102) hält die unausgeprägte Körperdominanz nicht für eine Ursache der Legasthenie, sondern für eine Kovarianz, d.h. unausgeprägte Körperdominanz und Legasthenie haben ihre gemeinsame Ursache in z.B. einer hirnorganischen Reifungsverzögerung.

Zusammenfassend kann gesagt werden, daß mit dem vorgestellten Verfahren im Bereich der Lateralitätsentwicklung eine Fülle von Informationen dazu gesammelt wird,

- ob eine Hemisphärenspezialisierung ausgebildet ist und daher eindeutig eine Hand bzw. ein Auge, ein Fuß/Bein bevorzugt wird (in dem Fall würde bei der Überprüfung der Präferenzdominanz immer die gleiche Körperseite angekreuzt),
- ob die bevorzugte Seite zugleich auch die bessere ist (Präferenz- und Leistungsdominanz liegen dann auf der gleichen Seite),
- ob evtl. eine gekreuzte Lateralität vorliegt (die Dominanz von Hand und Auge oder Fuß liegt nicht auf der gleichen Körperseite).

9.2.3 Zur Beurteilung des Gleichgewichts

- Die Fähigkeit, das Gleichgewicht zu halten (eine Voraussetzung dafür ist eine differenzierte vestibuläre Wahrnehmung), wird unter verschiedenen erschwerten Bedingungen überprüft:

a) In Beobachtungssituation 9 muß das Kind das Gleichgewicht halten, obwohl es nur auf einem schmalen Untergrund geht, der sich in einer gewissen <u>Höhe</u> über dem Boden befindet (umgedrehte Langbank), in Beobachtungssituation 18 von einem relativ hohen Kasten springen und danach das Gleichgewicht halten,

b) in Beobachtungssituation 22 steht es zwar auf sicherem Untergrund, ist aber <u>ohne visuelle Kontrolle</u>, weil es die Augen geschlossen halten muß; treten hier Schwierigkeiten auf, muß das Kind auf Ataxie untersucht werden,

c) in Beobachtungssituation 16, 17 und 19 wird die Basis, also die <u>Standfläche verkleinert:</u> Beobachtungssituation 16 verlangt das Stehen auf einem Fuß, während der andere Fuß eine feinmotorische Leistung erfüllen muß, in Beobachtungssituation 17 wird abwechselnd auf jedem Fuß gehüpft, in Beobachtungssituation 19 geht das Kind auf dem Fußballen im Zehengang,

d) in Beobachtungssituation 24 muß das Kind sich um sich selbst <u>drehen</u>, was an die Gleichgewichtsreaktionen eine zusätzliche Anforderung stellt. Wie auch in der Beobachtungssituation 22 und deutlicher als in den anderen Gleichgewichtsaufgaben kann hier die Adäquatheit der <u>vestibulären Wahrnehmung</u> untersucht werden.

- An der Fähigkeit, das Gleichgewicht zu halten, hat auch die taktile Wahrnehmung einen großen Anteil, weil die Hautreize die Orientierung im Raum unterstützen: Kinder, die an den Fußsohlen untersensibel sind, haben oft Schwierigkeiten mit dem Gleichgewicht, v.a. auf verringerter Standfläche (16, 17, 19) und beim Springen (18) bzw. Hüpfen (17).
- Ist das Kind beim Gehen auf der Linie (Beobachtungssituation 24) sicher, hat dagegen beim Gehen auf dem Baumstamm über dem Boden (Beobachtungssituation 9) Schwierigkeiten mit dem Gleichgewicht, so liegt vermutlich kein Balanceproblem vor, sondern ein Problem des räumlichen Sehens.

Ich will an dieser Stelle nicht alle Möglichkeiten, die das Screening-Verfahren zur differenzierten Beurteilung des Entwicklungsstandes des Kindes bietet, aufführen. Mit der Zeit wird derjenige, der das Verfahren häufiger anwendet, seine variablen Möglichkeiten entdecken.

Für den Fall, daß Lehrer oder Therapeuten mit den hier niedergelegten Einschätzungen und Bewertungen nicht übereinstimmen oder andere Ergebnisse vorliegen haben, würde ich mich über eine Rückmeldung freuen.

Abb.: Aus Beobachtungssituation 27 (Figur-Grund-Wahrnehmung, Aufg. 3)

10. Empfehlungen

10.1 Empfehlungen zum Umgang mit dem Kind

Grundsätzlich sollten nach einer Bestandsaufnahme der beeinträchtigten Leistungen des Kindes folgende Prioritäten bei einer möglichen Förderung gelten:

1. Schritt: das Umfeld ändern

2. Schritt: das Kind psychisch stabilisieren

3. Schritt: die Störung direkt oder kompensatorisch angehen

Eine Änderung des **schulischen** Umfeldes könnte z.B. bedeuten

- das Mobiliar an die jeweiligen Körpergrößen der Kinder anzupassen,
- Griffhilfen für feinmotorisch gehandicapte Kinder zu besorgen,
- konzentrationsgestörten, visuell leicht ablenkbaren Kindern zu empfehlen, bei stillem, schriftlichem Arbeiten mit Schultaschen oder hochkant gestellten Atlanten eine Abschirmung zu den Nachbarn herzustellen,
- konzentrationsgestörten, auditiv leicht ablenkbaren Kindern zu empfehlen, bei schriftlichen Arbeiten mit 'Lärmstop'-Ohrstöpseln ebenfalls eine Abschirmung herzustellen,
- motorisch unruhige Kinder regelmäßig mit Aufgaben wie Tafel putzen, Landkarten holen etc. zu betrauen,
- die Unterrichtsstunde mehrfach zu untergliedern: auf Phasen des eher rezeptiven Unterrichts solche des Agierens (am besten grobmotorisch) folgen zu lassen und diese wiederum mit Entspannungsphasen abzurunden; dies hilft besonders Kindern mit einer geringen Aufmerksamkeitsspanne,
- in den Pausen Spielgeräte wie Pedalos, kleine Trampolins, Hängematten, Seilchen und Gummiband für Gummitwist auszugeben,

und anderes mehr.

Der dritte Schritt, das direkte oder kompensatorische Angehen der Störung, kann unter Hinzuziehung von Fachleuten wie Ärzten, Krankengymnasten, Ergotherapeuten, Motopäden, Psychologen, Heilpädagogen oder anderen Fachleuten erfolgen. Vor allem, wenn mehrere Bewertungen mit 2 (grob auffällig) erfolgten, die sich evtl. in einem Bereich massieren, sind die genannten Berufsgruppen hinzuziehen (s. Kap. 13.3).

Ist es dagegen so, daß vor allem Bewertungen mit 1 vergeben wurden, kann eine Förderung durch den Lehrer oder Erzieher einsetzen. Je nach Bereich, in dem das Kind besondere Schwierigkeiten zeigte, sollten entsprechende Fördermaterialien ausgewählt werden. Empfehlungen dazu in Kap. 13.2.

Förderung oder Therapie setzen den zweiten Schritt, die psychische Stabilisierung voraus. Förderung oder Training heißt für das Kind oft: „Ich muß wieder genau das tun, was ich sowieso nicht kann". Häufige Mißerfolgserlebnisse haben das Kind so eingestimmt, daß es ein Training in den schwierigen Bereichen nicht nutzen kann oder gar nicht durchführen will. Daher benötigt es ein Polster an Selbstvertrauen, um sich den Herausforderungen zu stellen.

Unbedingt ist Streß, der auch durch Überforderung durch ein zu hoch angesetztes Training entsteht, zu vermeiden. Wie die Aggressionsforschung herausgefunden hat, setzt Streß eine bestimmte Hormonausschüttung in Gang und ein biologisches Programm läuft ab: Flucht oder Kampf. Kann das Kind nicht aus der Situation flüchten, muß es 'sich abreagieren` dürfen, sonst kommt es zu aggressivem Verhalten in der Pause oder zu autoaggressivem Verhalten. Außerdem ist es müßig, einem überforderten und damit gestreßten Kind etwas erklären oder mit ihm über sein Verhalten reden zu wollen, da das biologische Programm die Großhirnrinde blokkiert, reflexives Verhalten also unmöglich macht.

Das jeweilige Förderangebot – wie auch jedes Lernangebot – darf dem derzeitigen Entwicklungsstand bzw. dem derzeitigen Lernvermögen immer nur um eine Haaresbreite voraus sein[1], weil sonst die kindliche Anpassungsfähigkeit dem Lernanreiz nicht gerecht werden kann und sich wiederum Mißerfolge einstellen. Oftmals empfiehlt es sich sogar, erst die Fähigkeiten auf einer niedrigeren Stufe zu sichern und damit auch Erfolge sicherzustellen, bevor tatsächliche Anforderungen gestellt werden können.

Weiterhin ist zu berücksichtigen, daß ein Hauptmerkmal bei behinderten und beeinträchtigten Kindern die mangelnde Variabilität und Flexibilität ist. Von daher muß das Training von Splitterfertigkeiten vermieden werden.

Es gibt aber eine Reihe von erprobten Trainingsprogrammen und -vorschlägen, die bei einer diagnostizierten perzeptiven oder motorischen Schwäche angebracht sind.

---

[1] Johnson und Myklebust sprechen hier von der 'Anpassung des Unterrichts an die psychologische wie auch neurologische Toleranzgrenze lerngestörter Kinder' (1971, 83f.)

Von daher möchte ich Sie an dieser Stelle auf bestimmte Bücher, Trainingsmaterialien und Spiele hinweisen, die Ihnen Hilfestellung sein können. Ich habe sie nach den Bereichen geordnet, die auch für die *„Diagnostik mit Pfiffigunde"* maßgeblich sind.

10.2 Fördermaterialien und auf Förderung bezogene Literatur

Ich habe aus der auf dem Markt vorhandenen auf Förderung bezogenen Literatur zu jedem im Screening-Verfahren überprüften Bereich in der Regel 3 Bücher ausgewählt, die ich empfehlen kann. Weitere Titel finden sich im Literaturverzeichnis.

1. Zur Einführung in das Thema

Zur Einführung in das Thema möchte ich Ihnen folgende drei Bücher empfehlen:

Ruf-Bächtiger, L.: Das frühkindliche psychoorganische Syndrom, Thieme Verlag, Stuttgart 1987 (160 Seiten)

Brand, I.; Breitenbach, E.; Maisel, V.: Integrationsstörungen. Diagnose und Therapie im Erstunterricht. Verlag Maria-Stern-Schule des Marienvereins mit Marienheim e.V., Würzburg 1988 (4. Aufl.), (307 Seiten)

Johnson, Doris J.; Myklebust, Helmer R.: Lernschwächen. Ihre Formen und ihre Behandlung, Stuttgart 1971 (400 Seiten)

Alle drei Bücher bieten eine Fülle von Anregungen und Hilfestellungen, auch der theoretische Teil ist als Einführung geeignet und verständlich geschrieben.

2. Förderung des Bewegungsverhaltens (v.a. Grobmotorik)

I. Beudels, Wolfgang; Lensing-Conrady, Rudolf; Beins, Hans Jürgen: ... das ist für mich ein Kinderspiel. Handbuch zur psychomotorischen Praxis. Dortmund 1994.

   Je 20 Spielideen werden zu folgenden auch in der 'Diagnostik mit Pfiffigunde' gegebenen Schwerpunkten dargestellt: Grobmotorik, Feinmotorik und Gleichgewicht, darüber hinaus zu den Schwerpunkten Konzentration, Entspannung, Reaktion, Ausdauer, Denken und Bewegen und Sozialverhalten. Das Handbuch enthält auch Tips zur Verwendung verschiedener (Alltags-) Gerätschaften und ordnet die Spielideen nochmals nach anderen Gesichtspunkten, z.B. nach Spielanlässen, räumlichen Notwendigkeiten etc.

II. Die zweite Empfehlung bezieht sich auf die 3 Bände zur psychomotorischen Entwicklungsförderung von Ernst J. Kiphard:

Motopädagogik (Dortmund 1979) sowie Mototherapie I und II (Dortmund 1983, 1990 3. Auflage).

Besonders anwendungsorientiert für unseren Zweck sind die Bände 1 (Motopädagogik) und 3 (Mototherapie II). Es findet sich eine Fülle von detaillierten Anregungen zur motorischen Entwicklungsförderung für alle Kinder in Band 1 und ebenso detaillierten Anregungen für bewegungsgestörte Kinder im Bereich des Handgeschicks, der Schreib- und der Sprechbewegungen in Band 3.

III. Leyendecker, Christoph H.; Kallenbach, Kurt: Studienbrief Motorische Störungen. Deutsches Institut für Fernstudien an der Universität Tübingen, Tübingen 1989

Die letzte Empfehlung bezieht sich noch stärker auf bewegungsgestörte Kinder und ist von daher besonders hilfreich für Lehrer von Integrationsklassen, die körperbehinderte Kinder in der Klasse haben.

Nach der Schilderung von 4 Fallbeispielen und einem Überblickskapitel über die Bedeutung der Motorik, das Verhältnis von Motorik und Psyche und die Erscheinungsformen motorischer Beeinträchtigungen werden pädagogische Fördermöglichkeiten und Therapieansätze dargestellt. Es werden Empfehlungen für den konkreten Umgang mit körperbehinderten Schülern und für die Versorgung mit Hilfsmitteln gegeben. Der Band wird abgerundet durch nützliche Hinweise, Auflistung von Fördermaterialien und Anschriften.

Zur Bearbeitung des Studienbriefes werden verschiedene Aufgaben gestellt und Lösungen angeboten.

3. Förderung der Feinmotorik

3.1 Handgeschick und Graphomotorik:

I. Pauli, Sabine/Kisch, Andrea: Geschickte Hände. Feinmotorische Übungen für Kinder in spielerischer Form. Dortmund 1993.

Neben vielen Übungen zur Handgeschicklichkeit und graphomotorischen Spielideen ist die Darstellung der altersgemäßen Entwicklung der Handgeschicklichkeit von 0 bis 7 Jahren besonders interessant.

II. SINNHUBER, HELGA: Optische Wahrnehmung und Handgeschick – Übungsanleitungen. Dortmund 1990 (3.Aufl.)

Für Kinder bis 7 Jahre oder für entwicklungsverzögerte Kinder sind die Fördervorschläge dieses Buches geeignet. Für die zwei Lernbereiche optische Wahrnehmung und Handmotorik wird die konkrete Gestaltung von Lernsituationen beschrieben, die sich je nach Entwicklungsstand und Alter des Kindes immer mehr ausdifferenzieren. Der Lernbereich Handmotorik zum Beispiel beginnt mit 'Greifen und Loslassen', geht über den 'Umgang mit der Schere' bis zum 'Weg zum Schreiben'.

III. BLÖCHER, ELISABETH: Schwierigkeiten beim Schreibenlernen. Erkennen und Behandeln von Grundursachen. Graphie und Orthographie. Langenau, Ulm 1983

Dies Buch ist für mich wichtig, weil es den Zusammenhang zwischen Hirnfunktionsstörungen und Auffälligkeiten in der Schreibbewegung thematisiert. Es analysiert verschiedene Sitzhaltungen und gibt Vorschläge zur Stabilisierung.

Folgende käufliche *Spiele* eignen sich gut zur Förderung der Fingergelenkigkeit und der Auge-Hand-Koordination:

Stapelmännchen, Packesel, Mikado in allen Größen, Angelspiel, Labyrinth-Kugelspiel, Steckspiele, Ketten auffädeln etc.

3.2 Augenmotorik

I. KIPHARD, Ernst J.: Mototherapie - Teil II, Dortmund 1990 zu Augenbewegungsübungen bei CP sowie visuellem Geschicklichkeitstraining bei MCD.

II. SEITZ, RUDOLF (Hrsg.): Seh-Spiele. Sinnvolle Frühpädagogik. München 1982

Eine empfehlenswerte Sammlung von Sehspielen zu den Bereichen I. Sehen, beobachten, begreifen, nachvollziehen, II. Sehen, erinnern, raten, zuordnen, III. Wunderwelt der Optik, IV. Wunderwelt der Technik, V. Assoziieren – Phantasieren

III. GOODRICH, J.: Natürlich besser sehen. Freiburg 1986

Weiterhin eignen sich 'Super-Rätsel-Bücher', von diversen Verlagen herausgebracht, die immer auch visuelle Verfolgungsaufgaben und Labyrinthe enthalten, ebenso wie alle Arten von Ballspielen, Spiele mit Finger- oder Kasperlepuppen, Purzelmännchen und Taschenlampenspiele, bei denen die Augen verfolgen und die Hände/Finger führen müssen etc.

4. Förderung der Lateralisierung bzw. zum Umgang mit Lateralitätsproblemen

I. Delacato, Carl H.: Diagnose und Behandlung der Sprach- und Lesestörungen, Freiburg im Breisgau 1970

Für mich ein interessantes Buch, weil es die bekannten Phänomene oft in neue Zusammenhänge, v.a. in solche der neurologischen Organisation stellt. Es ist dazu verständlich und engagiert geschrieben.

II. Kirchert, C.: Die Ermittlung der Schreibhand und Probleme der Linkshänderbetreuung.

Dies ist ein Artikel in der Zeitschrift Motorik, Schorndorf 2, Heft 2 (1979), 50-63.

III. Zuckrigl, Alfred: Linkshändige Kinder in Familie und Schule, Ernst Reinhardt Verlag, München, Basel 1986

5. Förderorientierte Literatur zur Wahrnehmung

5.1 Wahrnehmung allgemein

I. Als ersten Überblick bietet sich der Studienbrief 'Wahrnehmungsstörungen' von Christoph H. Leyendecker, herausgegeben vom Deutschen Institut für Fernstudien an der Universität Tübingen, Tübingen 1988 an.

Er enthält 4 Fallbeispiele, ein Kapitel zu Ursachen und Erscheinungsformen von Wahrnehmungsstörungen sowie ein Kapitel zu pädagogischen Förderungsmöglichkeiten.

Zur Bearbeitung des Studienbriefes werden verschiedene Aufgaben gestellt und Lösungen angeboten.

II. Wichtig finde ich auch das Buch von A. Jean Ayres: Bausteine der kindlichen Entwicklung – Die Bedeutung der Integration der Sinne für die Entwicklung des Kindes. Springer Verlag, Berlin, Heidelberg, New York 1984.

Jean Ayres hat ein integriertes Behandlungskonzept entwickelt, das insgesamt auf eine verbesserte Koordination der Sinne zielt.

Einen Schwerpunkt legt sie auf die 'Körpersinne', d.h. auf die taktil-kinästhetische und die vestibuläre Wahrnehmung.

III. Anton und Erika Reinartz sowie Helga Reiser haben einen Band 'Wahrnehmungsförderung behinderter und schulschwacher Kinder, Praxis und Forschung' herausgegeben, erschienen 1979 in der Carl Marhold Verlagsbuchhandlung, Berlin.

Verschiedene Autoren nehmen u.a. zu mehreren Förderprogrammen im Bereich der visuellen und auditiven Wahrnehmung Stellung und berichten über erzielte Ergebnisse bei der Anwendung dieser Programme.

Zur taktil-kinästhetischen Wahrnehmung, dort tangosensorische Wahrnehmung genannt, gibt es leider nur ein kurzes Kapitel von 5 Seiten.

5.2 Visuelle Wahrnehmung

I. Als Gruppenprogramm und daher auch im Unterricht einsetzbar ist das Programm von Marianne Frostig, David Horn und Annmarie Miller: Visuelle Wahrnehmungsförderung. Übungs- und Beobachtungsfolge für den Elementar- und Primarbereich. Bearbeitet von Anton und Erika Reinartz. Crüwell/Schroedel Schulbuchverlag, Dortmund, Hannover 1977 (2. Auflage).

Das Programm besteht aus 3 ausführlichen Anweisungsheften und 3 Arbeitsheften für die Schüler.

Es enthält Übungen zur

- Visuomotorischen Koordination,
- Figur-Grund-Wahrnehmung,
- Wahrnehmungskonstanz,
- Wahrnehmung der Raumlage,
- Wahrnehmung räumlicher Beziehungen.

II. Besonders zur Hinführung auf die Kulturtechniken entwickelte Heiner Müller ein ‘Optisches Differenzierungs- und Konzentrationstraining. Die Erarbeitung skriptographischer Begriffe als propädeutischer Lese-, Schreib- und Mathematikunterricht’. Sigrid Persen Verlag, Hamburg 1982.

Dies Programm wurde in Grund- und Sonderschulen sowie im Vorschulbereich entwickelt und erprobt. Im Mittelpunkt steht das Training von Gegensatzpaaren wie links-rechts, groß-klein, offen-geschlossen, eckig-rund usw., mit denen Schrift beschrieben werden kann; Ähnliches muß von Gleichem unterschieden werden, Raumlage wird trainiert etc.

III. Gertrud E. Heuss hat Spiel- und Arbeitsmaterial zur Lesevorbereitung herausgegeben, durch welches sowohl die visuelle als auch die auditive Wahrnehmung gefördert werden kann. Zu dem Programm gehören die wissenschaftliche Grundlegung in dem Buch ‘Vorschule des Lesens’, Oldenbourg Verlag, München 1971, die beiden Mappen ‘Sehen, Hören, Sprechen’ Stufe 1 (Schwerpunkt Sehen) und Stufe 2 (Schwerpunkt Hören), Otto Maier Verlag Ravensburg 1976, sowie das Spiel ‘Sprich genau – Hör genau’, ein Lotto mit klangähnlichen Wörtern. Die

Spiele der beiden Mappen teilen sich auf in grobmotorische Gruppenspiele sowie Aufgaben, die mit Bildern, Kärtchen, Stift und Papier gelöst werden.

5.3 Auditive Wahrnehmung

I. Myrtha Signer hat ein 'Hörtraining bei akustisch differenzierungsschwachen Kindern mit Übungsbeispielen für Legastheniker und Hörgeschädigte' entwickelt, das im Verlag Paul Haupt, Bern und Stuttgart 1975 erschienen ist.

Die Differenzierung wird u.a. im sprachlichen und im außersprachlichen Bereich (Geräusche) geübt.

II. 'Achtung aufgepaßt ! Ein audio-visuelles Lernprogramm zur Förderung der Hör-, Sprech- und Lesefähigkeit' wurde von Peter Arnoldy entwikkelt. Es enthält Tonkassetten mit Arbeitsblättern und einem Handbuch für den Lehrer. Es ist in vier Lernstufen unterteilt (Unterscheidung von Geräuschen, Wörtern und Lauten, sowie Verbinden von Lauten) und enthält zu jeder Stufe einen Lerntest.

III. Erwin Breitenbach hat 'Material zur Diagnose und Therapie auditiver Wahrnehmungsstörungen' entwickelt und zusammengestellt. Erschienen ist es im Verlag Maria-Stern-Schule des Marienvereins mit Marienheim e.V. in Würzburg 1989.

5.4 Taktil-kinästhetische Wahrnehmung

I. Eine Zusammenstellung von Spielen gibt Seitz, R. (Hrsg.): Tastspiele. Sinn-volle Frühpädagogik, München 1983.

II. Interessante Anregungen finden sich bei Monika Rosenkranz: „Hände" – eine Arbeit zur integrativen Körpererziehung. In: Brown, George J. (Hrsg.): Gefühl und Aktion. Gestaltmethoden im integrativen Unterricht. Frankfurt 1978, 115-134.

III. Der Verband ev. Einrichtungen für geistig und seelisch Behinderte e.V., Fachverband des Diakonischen Werkes der EKD hat ein vielseitiges und kreatives Übungsprogramm herausgegeben mit dem Titel 'Wahrnehmungsübungen im Bereich des Tastsinns und des Bewegungssinns (taktil-kinästhetische Wahrnehmung)', inzwischen in 6. Auflage (1989), an dem auch Frau Dr. Prekop mitgearbeitet hat.

Bestellt werden kann es bei o.g. Verband, Postfach 10 11 42, 70010 Stuttgart.

Empfehlen kann ich zur spielerischen Schulung des Tastsinnes v.a. folgende *Spiele*:

TACTILO, Nathan, Paris 1976, bei dem kleine Holzfiguren (dreidimensional) ertastet und einer zweidimensionalen Abbildung zugeordnet werden sollen, und *Tasten und Spüren*, Nathan, Paris 1977, ein Tastdomino, beides zu bestellen bei Huesmann und Renz, Rielasingen, sowie *Blinde Kuh*, erschienen im Otto Maier Verlag Ravensburg 1977.

6. Förderung des Körperschemas

I. KRISTA MERTENS hat mit 'Körperwahrnehmung und Körpergeschick', Dortmund 1991 (2.Aufl.) ein Buch zur psychomotorischen Förderung dieser Bereiche in dem Alter von 1 bis 6 Jahre vorgelegt. Sie gibt eine Fülle von Spiel- und Materialanregungen.

II. KOPPITZ, ELISABETH M.: Die Menschendarstellung in Kinderzeichnungen und ihre psychologische Auswertung, Stuttgart 1972. Ein interessantes Buch, in dem, untermauert von vielen Beispielen, Kinderzeichnungen auch dahingehend interpretiert werden, daß sie Auskunft geben über das Körperschema und -bild des Kindes.

Anregungen zur Förderung dieses Wahrnehmungsbereichs sind ebenfalls enthalten in den bereits genannten Büchern von

- AYRES, A. JEAN: Bausteine der kindlichen Entwicklung. Springer, Berlin, Heidelberg, New York, Tokyo 1984,
- ERNST J. KIPHARD: Motopädagogik (Dortmund 1979) sowie Mototherapie I und II (Dortmund 1983, 1990 3. Auflage),
- FROSTIG, MARIANNE; MASLOW, PHYLLIS: BWL. Bewegen – Wachsen – Lernen. Bewegungserziehung. Crüwell, Dortmund 1975 (2. Auflage). (jetzt: Schroedel, Hannover)

7. Zur Entspannung mit Kindern

I. TEML, HUBERT: Entspannt lernen. Streßabbau, Lernförderung und ganzheitliche Erziehung, Linz 1989 (2.Aufl.)

II. MÜLLER, ELSE: Auf der Silberlichtstraße des Mondes. Autogenes Training mit Märchen zum Entspannen und Träumen, Frankfurt 1985

III. PORTMANN, ROSEMARIE; SCHNEIDER, ELISABETH: Spiele zur Entspannung und Konzentration, München 1988

Besonders empfehlen möchte ich die Audiokassetten von REFAY, HASSAN: Stecki 401 – Hörspiele nach dem Autogenen Training, Berlin 1978, zu bestellen beim Refay-Verlag, Hohenzollernstr. 3, 14163 Berlin. (Meine Kinder sind immer noch begeisterte Hörer der Abenteuer des außerirdischen Stecki.)

8. Zur Didaktik der Kulturtechniken

I. Das Staatsinstitut für Schulpädagogik und Bildungsforschung in München hat folgende Handreichungen herausgebracht, die auch für den Elementarbereich der Grundschulen und schulvorbereitende Einrichtungen wichtiges Handwerkszeug sein können, da sie in besonderem Maße das Erlernen der Kulturtechniken mit motorischer und perzeptiver Schulung verbinden und dies immer kindgemäß und spielerisch tun:

- Erstlesen, Würzburg 1991, 170 Seiten,
- Erstschreiben, Würzburg 1991, 195 Seiten,
- Erstrechnen I, Würzburg 1991, 187 Seiten (Grundlegende mathematische Fähigkeiten),
- Erstrechnen II, Würzburg 1991, 400 Seiten (Erarbeitung der Zahlbegriffe und Operationen, Schwerpunkt: Zahlenraum bis 20),
- Erstrechnen III, Würzburg 1991, 97 Seiten (Ausbau des Zahlenraums bis 100, Erarbeitung der multiplikativen Operationen).

Bestellungen an Herbert B. Freisleben, Günterslebenerstr. 29, 97222 Rimpar, Tel. 09365/9329.

II. Das Landesinstitut für Schule und Weiterbildung in Soest hat eine Handreichung ‘Pädagogische Konferenz’ zum LRS-Erlaß 1991 mit dem Namen ‘Lehse-Rächtschreipschwirrichkeitn’ entwickelt. Der Erlaß „verändert das Konzept zur Förderung von Kindern mit Schwierigkeiten im Lesen und Rechtschreiben in grundsätzlicher Weise“ (S. 5), indem zum Beispiel die vorbeugende Arbeit mit ‘Risikokindern’ schon in der ersten Klasse einsetzen soll. Zur Erreichung des Ziels ‘Vermeidung von LRS’ kann an bestimmten Bausteinen angesetzt werden: Motorik, Linkshändigkeit, Sprache, Visuelle Wahrnehmung, Konzentration, Hyperaktivität.

Zu bestellen ist diese didaktisch schön aufbereitete Handreichung beim Soester Verlagskontor, Postfach 1565, Jakobistr. 46, 59494 Soest.

III. Milz, Ingeborg: Rechenschwächen erkennen und behandeln. Teilleistungsstörungen im mathematischen Denken, Dortmund 1993.

10.3 Empfehlungen zur Weitervermittlung an bestimmte Berufsgruppen/Institutionen

An dieser Stelle können nur Ratschläge stehen, die aus meinen Erfahrungen in der Zusammenarbeit mit bestimmten Berufsgruppen/Institutionen herrühren. Vermutlich werden diese Berufsgruppen ihre Verantwortlichkeiten für Diagnose und Therapie bzw. Förderung bei bestimmten Auffälligkeiten besser und vielleicht auch umfassender bzw. einschränkender definieren können.

Sicherlich gibt es noch andere Berufsgruppen, die ich nicht erwähnt habe, die aber für diese Kinder eine wertvolle Arbeit leisten und direkter Ansprechpartner von Schulen, Kindergärten, Schulkindergärten usw. sind.

1. Kinderärzte

Vor allem in den Fällen, bei denen im Bereich der *Grobmotorik* mehrere Bewertungen mit 2 gegeben wurden, sollte eine kinderärztliche, ggf. neurologische/neuropädiatrische Untersuchung erfolgen. Schildern Sie ihre Beobachtungen aus dem Screening-Verfahren sowie eventuelle weitere Auffälligkeiten dem Arzt.

Er kann aus ärztlicher Sicht z.B. krankengymnastische Behandlung verordnen.

2. Krankengymnasten

Krankengymnasten setzen v.a. im Bereich der *Grobmotorik* an und verbessern gezielt Bewegungsmuster.

Besonders, wenn eine cerebrale Bewegungsstörung vorliegt, sollte eine krankengymnastische Behandlung erfolgen. Manche Krankengymnasten haben sich weitergebildet für den Bereich der minimalen cerebralen Bewegungsstörungen und/oder der Sensorischen Integrationsstörungen.

Eine krankengymnastische Behandlung wird in der Regel vom Arzt verordnet, der daher vorher aufgesucht werden sollte.

3. Ergotherapeuten

Ihre Aufgabe ist es vor allem, die *Handmotorik* zu trainieren durch gezielt ausgewählte Beschäftigungsangebote. Ein zweiter Aufgabenbereich besteht in der *Diagnose und Therapie von Wahrnehmungsstörungen bzw. Sensorischen Integrationsstörungen (nach Jean Ayres)*. Weitere Aufgaben sind das Training der Auge-Hand-Koordination, das Einüben der richtigen (Sitz-)haltung usw.

4. Motopädagogen/Mototherapeuten

Sie sind in der Regel geschult in der Motodiagnostik, also der Diagnostik *grobmotorischer Auffälligkeiten*, und bieten in Vereinen oder Institutionen v.a. Gruppenkurse für bewegungsauffällige Kinder an. In diesen Kursen wird nicht vorrangig defizitorientiert gearbeitet, sondern das Kind soll im gemeinsamen Erleben mit anderen auf spielerische Art Gewandtheit und Geschicklichkeit trainieren. Dadurch werden diese Angebote vom Kind gerne angenommen. Soziale Auffälligkeiten im (Gruppen-)verhalten des Kindes werden mit in die Förderung einbezogen.

5. Logopäden

Ihre Aufgabe besteht v.a. in der Diagnostik und systematischen Übungsbehandlung von angeborenen oder erworbenen Sprachfehlern sowie in der Förderung der auditiven Wahrnehmung allgemein.

6. Heilpädagogen

Ihre Aufgabe ist die Entwicklungsförderung von Kindern und Jugendlichen, die in Bereichen wie Motorik, Wahrnehmung, Lernen und sozialem Verhalten auffällig geworden sind. Dies kann einzeln oder in Gruppen geschehen, meist sind Elternarbeit und Zusammenarbeit mit Lehrern, Erziehern etc. weitere wichtige Bestandteile.

7. Erziehungsberatungsstellen

Hier arbeitet ein Team aus verschiedenen Berufsgruppen wie Psychologen, Sozialarbeiter, Sozialpädagogen, Heilpädagogen u.a.m. Sie können diagnostisch und therapeutisch verschiedenen Schwierigkeiten auf den Grund gehen. Die Schwerpunktsetzungen im Angebot der verschiedenen Beratungseinrichtungen unterscheiden sich oft je nach den Fortbildungsinteressen der Mitarbeiter und den Anforderungen im Einzugsbereich.

11. Benötigtes Spielmaterial*

Übersicht (das Material für die Dinge, die in den Bastelanleitungen beschrieben sind, ist *nicht* enthalten):

---

* Es ist auch möglich, das benötigte Material zu bestellen. Vgl. die Übersicht über die verschiedenen Materialkästen und das Anfrageformular am Ende des Buches

- Tasche, die der Versuchsleiter trägt
- 3 kleine Spielzeugteile (sie müssen mit zwei mind. dreisilbigen Begriffen zu benennen sein, z.B. für das erste Ohr: "Luft-bal-lon", für das zweite Ohr: "mit-Ge-sicht", oder: erstes Ohr: „Brief-mar-ke“, zweites Ohr: "mit-Vo-gel")
- 3 kleine Dosen für die Plättchen, bzw. Geldstücke sowie 1 Geldtasche für Pfiffigunde
- 60 Plättchen oder 5 Pf.-Stücke
- 1 lange Matte zum Krabbeln und 3 Sitzmatten
- Kasperlepuppen: 1 Prinzessin, 1 Fee, 1 Riese, 1 Räuber, 1 Hexe
- 3 Augenbinden (oder die Tücher aus Beobachtungssituation 8)
- Langbank
- Stoffkrokodil (oder ein anderes Stofftier, das gefährlich aussieht)
- 3 Drachen (oder sonstige Tiere)
- Kasten (aus dem Turnunterricht) oder stabilen Hocker
- evtl. 2 bis 3 Tische oder Pulte (falls die Kinder nicht am Boden sitzen sollen)
- Karton als Drachenschloß
- 3 kleine leere Blätter
- evtl. eine kleine Belohnung (wie Sticker mit Drachen darauf)

und in den drei Farben der Ritter:

- 9 Schnüre, die 1,50 m lang sind und an denen farbige Holzperlen eingeknotet sind (jeweils 3 in jeder Farbe),
- je 1 Tuch (ca. 1 qm^2),
- farbige Stifte, je 1 wasserlöslicher für die Aufgaben in Beobachtungssituation 27 und je 1 Buntstift für die Beobachtungssituationen 7, 20 und 23,

sowie mind. 9 weiße Blätter (DIN A4).

Noch ein Tip: Packen Sie sich eine Tasche zum Umhängen, in die Sie vor Beginn des Screenings Prinzessin, Fee, Hexe, die Rüstungen, Zauberstab, die drei farbigen Stifte und einige leere Blätter legen. Außerdem die Spielzeuge des Drachenkindes, die sechs Plätzchen und eine kleine Belohnung.

Immer, wenn die Ritter sich Geschenke erobert haben, können Sie diese darin verstauen, damit auch keins verloren geht, bis Sie zu den Drachen kommen.

12. Bastelanleitungen

Übersicht über die Bastelanleitungen[1]**:**

Spickzettel für den Testleiter

NUMMER 1 – Ritterrüstungen

NUMMER 6 – Zauberstab

NUMMER 13 – Tastbox

NUMMER 13 – Stoffpaare zur taktilen Differenzierung

NUMMER 14 – Zauberlandkarte

NUMMER 15 – Scheiben mit Symbolen

NUMMER 19 – Höhle des Riesen

NUMMER 20 – Riese

NUMMER 25 – Pupillen der Hexe

NUMMER 26/27 – Plätzchen mit Innenleben

NUMMER 30/31 – Tor aus Bettlaken

Hinweis:

Alle Materialangaben beziehen sich auf die gleichzeitige Durchführung mit 3 Kindern. Wenn Sie andere Vorstellungen haben, rechnen Sie bitte entsprechend um.

Bei der Durchführung mit 3 Kindern sollten Sie auch drei verschiedene Farben für Rüstungen, Tastboxen, Stifte u.a.m. benutzen, so daß jedem Kind eine bestimmte Farbe zugeordnet ist. Achten Sie bitte darauf, daß Sie jedem Kind immer nur das für es bestimmte und farblich passende Material geben, sonst können Sie sich später bei der Auswertung leicht irren.

Unter **Alternative** werden Vorschläge benannt, die weniger aufwendig (allerdings auch weniger schön) sind.

[1] Ich habe die Anleitungen relativ detailliert ausgeführt, sodaß jemand, der häufiger bastelt und mit der Nähmaschine umgehen kann, an einigen Stellen zumindest ins Schmunzeln kommen kann. Ich wollte aber nicht, daß jemand, der das Märchen einsetzen möchte, möglicherweise an den Bastelanleitungen scheitert.

Spickzettel für den Spielleiter

Material:

- 2 Stück Pappe, etwas breiter als dies Buch
- Kopiervorlage: Spickzettel für den Spielleiter
- Kopiervorlage: NUMMER 5
- Kopiervorlage: Sammlung der Instruktionen (im Anhang)
- ein Stück Band
- Streifen aus selbstklebender Goldfolie

Anleitung:

Kleben Sie auf die beiden Pappen je eine der Kopiervorlagen (NUMMER 5 und SL-Spickzettel). Verbinden Sie die beiden Pappen an einer Längsseite mit einem Streifen selbstklebender Goldfolie, so daß sie wie ein Buch geöffnet werden können und die Kopiervorlagen außen (Spickzettel vorne) zu sehen sind. Kopieren Sie die Kopiervorlage ‚Sammlung der Instruktionen' auf Vorder- und Rückseite eines DIN A4 Blattes so, daß sie nach dem Falten in der Mitte und Einlegen in den Spickzettel als 4 halbe Seiten gut umgeblättert und gelesen werden können. Befestigen Sie sie so, daß sie nicht herausfallen. Umkleben Sie die Ränder der Pappe evtl. mit Goldfolie und binden Sie das Band an die mittig am Rand gelochten Pappen, so daß Sie den Spickzettel öffnen und schließen können. Während der Durchführung des Screenings können Sie vor jeder Beobachtungssituation kurz einen Blick vorne auf den Spickzettel werden und wissen, was als nächstes folgt. Sie können ein paar Worte zur überleitenden Märchenlogik sagen, dann den Spickzettel öffnen und die entsprechende Instruktion ablesen. Außerdem können Sie in den Spickzettel die benötigten kopierten Vorlagen einlegen, so daß Sie sie bei Bedarf sofort zur Hand haben.

Spickzettel für den Kameramann

Material:

- 1 Stück Pappe, Maße wie dies Buch
- Kopiervorlage: Spickzettel für den Kameramann
- ein längeres Stück Band

Anleitung:

Kleben Sie auf die beiden Seiten der Pappe je einen Teil der Kopiervorlage. Lochen Sie die Pappe rechts und links unten und ziehen Sie das Band durch. So können Sie sich den Spickzettel um den Hals hängen und ihn bei Bedarf kurz anheben.

NUMMER 1: Ritterrüstungen

Material:

- 6 Stücke durchsichtige, nachgiebige Folie 23 x 33 cm
- 3 Rollen verschiedenfarbiges, textilbeschichtetes Klebeband (z.B. TESA-Band), ca. 2 cm breit
- 3 Stücke verschiedenfarbigen Baumwollstoff 6 cm x 82 cm
- Klettband (doppelseitig) 6 Stück á 12 cm Länge
- evtl. Klebesterne
- 12 Stück Gummiband, ca. 2 cm breit und 20 cm lang
- 12 Stücke Baumwollstoff, farblich passend, 26 cm x 7 cm

Anleitung:

Schneiden Sie aus *durchsichtiger* und relativ dicker, aber weicher Folie pro Kind 2 Stücke mit den Maßen 23 x 33 cm aus.

(Es ist sinnvoll, durchsichtige Folie zu nehmen, da Sie dann durch die Rüstung hindurch das Muskelspiel des Körpers sehen können. Außerdem ist dies für die Kinder angenehmer als z.B. das Screening in der Unterhose durchzuführen, da sie sich dadurch nicht so ausgezogen fühlen wie bei einem Arzt.)

Fassen Sie jeweils eine lange und die zwei schmalen Seiten mit einem beschichteten, farbigen Klebeband (z.B. TESA-Band) von 2 cm Dicke ein.

Am oberen Rand der Folie, der am Bauch anliegt, müssen wir den Rand der Folie mit einem Stoffband einfassen. Ich habe dafür einen festen, farblich passenden Baumwollstoff in 6 cm Breite und 82 cm Länge genommen. Bügeln Sie den Stoff an den Längsseiten etwa 1/2 cm um. Legen Sie die Folienstücke nebeneinander, falzen Sie den Stoff um die noch freien Längsseiten der Folie, wobei Sie an den äußeren Seiten etwa gleich viel Stoffband hängen lassen (etwa 7 cm). Stecken Sie es mit Stecknadeln fest und nähen Sie es anschließend auf die Folie. Um die Enden zu schließen, stülpen Sie sie nach innen und nähen sie ebenfalls fest.

Nun müssen wir noch das Klettband annähen, womit die Rüstung zusammengehalten wird. Nähen Sie die mindestens 12 cm langen Stücke einmal innen, einmal außen auf die äußeren Enden der angenähten Stoffstreifen.

Ich habe die Rüstungen noch verschönert, indem ich Sterne aus selbstklebender Goldfolie ausgeschnitten und aufgeklebt habe. Der Phantasie sind hier keine Grenzen gesetzt.

Zu den Rüstungen gehören noch farblich passende Fuß- und Armbänder, damit man auch bei Nahaufnahmen der Hände oder Füße weiß, welches Kind gerade gefilmt wird. Dazu benötigen Sie für jedes Kind 4 Stück ca. 2 cm breite und 20 cm lange Gummibänder (zum Einziehen in Unterhosen). Schneiden Sie passende Stoffstücke 26cm x 7cm zu, versäubern Sie sie an den schmalen Seiten, damit sie nicht ausfransen können und nähen Sie sie an den Längsseiten zusammen. Dann stülpen Sie die Stoffstücke um und ziehen sie über die Gummibänder. Nun müssen Sie nur noch die Gummibänder zu einem Arm- oder Fußreifen zusammennähen und fertig.

Alternative: Sie können auch bis zum Po reichende einfache Umhänge aus farbigem Tülll zuschneiden. Löcher für die Arme 'rein, oben mit einer durchgezogenen Kordel zusammenhalten sowie farbige Arm- und Fußbänder aus Kordel, voilà!

NUMMER 6 Zauberstab

Material:

- Rundholz, Durchmesser 1,3 cm, 30 cm lang
- Rest schwarzer Lack
- Rest Goldfolie zum Kleben

Anleitung: Falls Sie noch keinen Zauberstab im Haus haben, wie wäre es mit diesem?

Ich habe ein Rundholz genommen mit dem Durchmesser 1,3 cm, 30 cm lang, dies mit schwarzem Mattlack gestrichen und es anschließend mit goldfarbener Klebefolie beklebt.

NUMMER 13: **Tastbox**

Material:
- 3 Holzbretter 35 cm x 60 cm, 6 Holzbretter 25 cm x 35 cm, jeweils 1 cm dick,
- 3 Stück Baumwollstoff 80 cm x 30 cm in den 3 entsprechenden Farben

Anleitung: Nageln und leimen Sie die drei Bretter zu einem Tischchen zusammen, – am besten ist es allerdings, sie befestigen ein paar Winkelhaken, dann hält es sicher.

Nähen Sie erst die Schmalseiten, dann die Längsseiten des Stoffes 1 cm breit ein, damit er nicht ausfransen kann.

Wollen Sie den Vorhang auf eine Schnur aufziehen und diese an dem Tischchen befestigen? Für diese Lösung ziehen Sie die Schnur durch den oberen Tunnel, bevor Sie sie an dem Holz befestigen.

Oder Sie legen den Vorhang in Falten und tackern ihn einfach an die obere Kante des Tischchens.

Alternative: Nehmen Sie einen Pappkarton, von dem Sie eine Längsseite wegschneiden und auf die gegenüberliegende Seite zwei Eingrifflöcher schneiden.

NUMMER 13: **Stoffpaare zur taktilen Differenzierung:**

Material: Drei mal 6 Paar 15 cm x 15 cm große Stoffquadrate, z.B. aus Seide, Baumwolle, grobem Strickstoff, Samt etc., die taktil gut voneinander zu unterscheiden sind (also 6 Quadrate in Seide, 6 Quadrate in Baumwolle etc.).

Anleitung: Ausschneiden, abketteln (mit der Nähmaschine einfassen, damit sie nicht ausfransen) und fertig.

Zu jeder Tastbox gehören 6 verschiedene Paare Stoff.

NUMMER 14: **Zauberlandkarte**

Nehmen Sie einen mind. DIN A4-großen Pappdeckel mit Rand (von Kartons für Unterlagen aus dem Schreibwarenhandel oder Einrichtungshaus). Innen wird eine Zauberlandschaft aufgemalt, knapp unterhalb des oberen Randes wird ein nicht zu großes Dreieck geschnitten, durch das der Ritter hindurchsehen kann. Orientieren Sie sich an dem Bild im Buch.

NUMMER 14/15: Scheiben mit Symbolen

Material:

- 6 Holzscheiben, ca. 6 cm Durchmesser, Höhe 2 cm
- Kopiervorlage Nr. 15
- 1 Blatt weißes Papier
- Klebstoff
- durchsichtige Klebefolie

Anleitung:

Sägen Sie mit einer sog. Lochsäge die Scheiben aus.

Schneiden Sie die kopierten Vorlagen aus und kleben Sie sie auf die Scheiben. Am besten ist es, wenn Sie durchsichtige Folie darüber kleben, sonst verschmutzen sie so schnell, da die Kinder ja darauf treten. Markieren Sie je eins der sich ähnelnden Zeichen auf der Rückseite mit einem großen farbigen Punkt (in den Farben der Ritter). Diese 3 Scheiben bekommt der Kameramann, um sie den Rittern in Beobachtungssituation 14 zu zeigen.

NUMMER 19: Höhle des Riesen

Material:

- Stoff, etwa 1,50 m lang und 50 cm breit
- Klebeband

Anleitung:

Ich habe die Höhle einfach durch einen an die Wand geklebten Stoff angedeutet, der nur lang genug für den auf den Boden gelegten Riesen sein muß. Kleben Sie das Stück Stoff längs an eine Wand und legen Sie den Riesen darunter.

Wenn Sie im Spiel den Riesen erst aus einer Seite der Höhle hinausschauen und ihn sich dann aufrichten lassen, ist die Überraschung über seine Länge umso größer.

NUMMER 20: Riese

Material:

- 1 Kasperlepuppe (z.B. Räuber oder ähnliches)
- 1 Stoffstück 1,20 m x 30 cm
- 1 Stock 1,20 m lang, der in den Hals der Puppe paßt

Anleitung: Verlängern Sie das Kleid der Kasperlepuppe und stekken Sie den Stock in den Hals der Puppe.

Das Kleid sollte die Hand, die den Stock hält, verdekken.

Alternative: Nähen Sie ein Stück Stoff an das Kleid der Puppe, das so lang ist, daß es bis zu Ihrem Ellenbogen geht. Wenn Sie den Arm nun recht gestreckt halten, wirkt der Riese auch ohne Stock 'riesig'.

NUMMER 20: Aufgabe zur Raumlage

Schneiden Sie die einzelnen Aufgaben der Kopiervorlage NUMMER 20 als Streifen auseinander und heften Sie sie der Reihe nach übereinander (so daß oben die Fische, als letztes unten die Noten liegen).

NUMMER 25: Pupillen der Hexe

Material:

- Hexe
- weiße Klebepunkte in der Größe der Pupillen der Hexe

Anleitung: Kleben Sie weiße Klebepunkte auf die Pupillen der Hexe. Natürlich können Sie sie auch mit weißer Farbe aufmalen.

NUMMER 26/27: Plätzchen mit Innenleben

Material:

- 12 Scheiben aus fester, glatter Pappe, Durchmesser 11 cm
- 3 Kreise durchsichtige Klebefolie, Durchmesser 12 cm
- 6 Kreise rote Klebefolie, 6 Kreise weiße Klebefolie, Durchmesser je 11 cm
- 3 Kreise durchsichtige nichtklebende Folie, Durchmesser 12cm, Tesafilm
- Kopiervorlagen Nr. 27
- farbiges Tesaband in den Farben der Ritter (Reste vom Basteln der Rüstungen)

Anleitung: Kopieren Sie die drei Kopiervorlagen Nr. 27 pro Kind je 1 mal.

Schneiden Sie die Kreise an der Linie entlang aus. Die

restlichen Vorlagen (Hausratgegenstände) schneiden Sie bitte nur grob rundherum aus, so daß noch freier Platz neben den Umrissen bleibt.

Bekleben Sie alle Pappscheiben auf einer Seite mit weißem Papier.

Rote Scheiben (Hausgeräte): Schneiden Sie von den durchsichtigen, nichtklebenden Folienstücken an einer Seite jeweils ca. 2 1/2 cm gerade ab, schneiden Sie die Ränder etwa 1 cm weit ein, legen Sie je ein Folienstück um eine weiß beklebte Scheibenseite und kleben sie die überstehenden Stücke auf der Rückseite mit Tesa oder Uhu fest, so daß sich auf der vorderen Seite eine Tasche bildet, in die die Küchengegenstände gelegt werden und nicht mehr herausfallen können. Die Rückseiten bekleben Sie mit roter Folie. Auf drei weitere weiße Seiten Scheiben kleben Sie mittig den Kreis mit den Küchengeräten, die Rückseite bekleben Sie ebenfalls rot. Verbinden Sie jeweils die beiden Seiten je mit einem Stückchen farbigen Tesaband in den 3 Farben (an der Seite, zu welcher die Tasche sich öffnet).

Weiße Scheiben: Kleben Sie auf je eine Seite (mit weißem Papier) die restlichen ausgeschnittenen Kreise. Schneiden Sie die Kreise mit der durchsichtigen Klebefolie am Rand mehrfach ein und umkleben Sie damit die Seite mit den Schlangenlinien. Kleben Sie auf die Rückseiten die weißen Folien. Verbinden Sie die Scheiben mit den Tieren mit denen mit den Schlangenlinien mithilfe eines farbigen Tesabandes (in den Farben der Ritter).

NUMMER 30/31: Tor aus Laken

Material:

- 2 weiße Bettlaken
- 1 Stück Stoff, ebenso lang wie die Bettlaken und ca. 50 cm breit
- 1 langes Seil (die konkrete Länge hängt von den Gegebenheiten des Raumes ab, in dem Sie das Märchen spielen)
- Wäscheklammern

Anleitung: Befestigen Sie das Seil z.B. vor einer Zimmerecke ungefähr in der gleichen Höhe, wie die Bettlaken lang sind. Klammern Sie die Laken an das Seil. Das schmalere Stück Stoff muß in der Mitte hängen und an die Laken anschließen, damit man nicht durchspähen kann.

Alternative: Sie können das Drachenschloß auch hinter einer Tür aufstellen und vor die Tür ein Laken hängen, das wie beschrieben eingesetzt wird. Oder Sie bauen ein Tor aus großen Schaumstoffteilen.

Abb.: Verwendete Handpuppen und Drachen.

13. Hinweise zur Raumnutzung

Es handelt sich bei der Zeichnung um einen Vorschlag, der nur als grobe Orientierung und Beispiel dienen kann.

Sie können für die Durchführung eine Turnhalle benutzen, die heutzutage meist auch abgeteilt werden kann, so daß sie nicht so riesig erscheint. Allerdings sollte sie nicht fußkalt sein, denn wir wollen ja die Füße sehen und sie nicht in Turnschuhen verstecken. Am besten ist daher ein großer Raum mit Teppichboden.

Ich habe die Erfahrung gemacht, daß ein normaler, leerer Klassenraum nur im Notfall ausreichend ist, – jedenfalls wenn man das gesamte Screening durchführen möchte. Selbst wenn die Abmessungen für die einzelnen Übungen ausreichen, so wirkt der Raum dann doch so vollgestopft, daß die Kinder leicht abgelenkt werden und den Überblick verlieren.

Haben Sie keinen so großen Raum zur Verfügung, so sollten Sie entweder das Screening aufteilen oder nur die unbedingt notwendigen Aufbauten vorher in den Raum stellen. Sie können auch die Beobachtungssituationen, die viel Raum erfordern (wie das Hüpfen oder Rückwärts-Gehen), nach draußen auf den in der Regel vorhandenen Flur verlagern. Sie müssen dann halt etwas improvisieren. Machen Sie sich Ihren eigenen Plan für den Raum, der Ihnen zur Verfügung steht. Bauen Sie so auf, daß Sie möglichst nie in Richtung Fensterfront filmen müssen (Gegenlicht!).

Aufbauten:

Beobachtungssituation 2:	Matten zum Sitzen, für die Kamera versetzt gelegt
Beobachtungssituation 8:	Tracing Schnüre
Beobachtungssituation 9:	umgedrehte Langbank
Beobachtungssituation 13:	Tastboxen mit Stoffstücken (anfangs zugedeckt)
Beobachtungssituation 18:	Berg (Kasten)
Beobachtungssituation 19:	Riese in seiner Höhle
Beobachtungssituation 20:	Vorlagen Nr. 20 in der Höhle des Riesen
Beobachtungssituation 25:	ca. 3 m lange Matte oder breiter Teppichbodenstreifen zum Krabbeln (falls ohne Teppichboden)
Beobachtungssituation 30:	Drachenschloß (Vorhang mit Räuber davor, Kiste mit Drachen)

Legende:	--------	bedeutet: Wege des Kameramannes
	— — —	bedeutet: Wege der Ritter
	x	bedeutet: Standort (falls wichtig) desjenigen, der die Puppen spielt
		bedeutet: Standort der Kamera
	○○○	bedeutet: Standort der Ritter
	1,2 usw.	bedeutet: jeweilige Beobachtungssituation

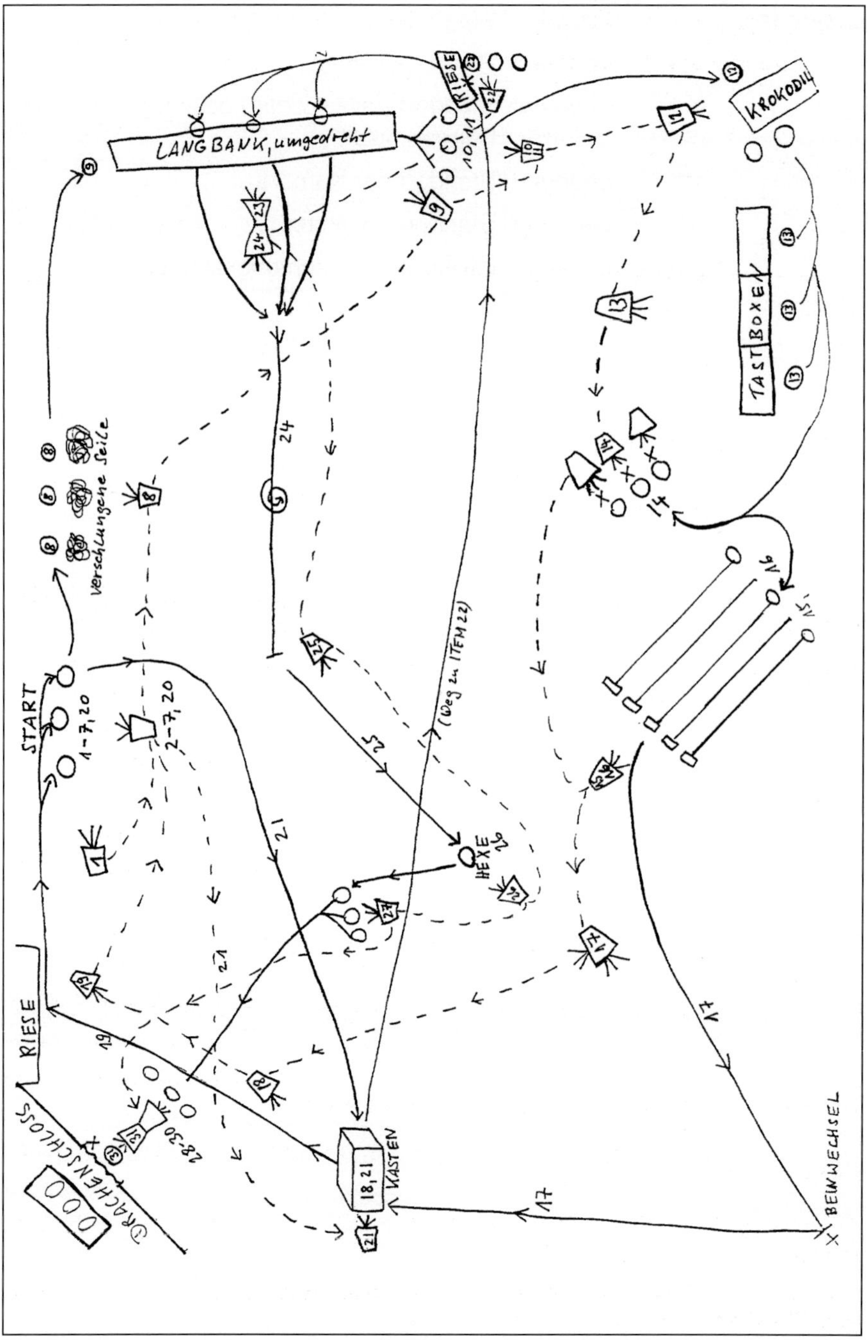

LANGBANK, umgedreht
RIESE
KROKODIL
START
verschlungene Seile
(Weg zu ITEM 22)
HEXE
KASTEN
RIESE
DRACHENSCHLOSS
BEINWECHSEL

14. Literaturverzeichnis (verwendete und weiterführende Literatur)

AFFOLTER, FELICIE: Wahrnehmung, Wirklichkeit und Sprache. Villingen-Schwenningen 1987.

ALBRECHT, PATRICIA: Diagnose und Therapie von Wahrnehmungsstörungen nach Jean Ayres. Dortmund 1980 (unveränderte Neuauflage).

AYRES, A. JEAN: Bausteine der kindlichen Entwicklung. Springer, Berlin, Heidelberg, New York, Tokyo 1984.

AYRES, A. JEAN: Lernstörungen. Sensorisch-integrative Dysfunktionen. Springer, Berlin, Heidelberg, New York, Tokyo 1979.

AYRES, A. JEAN: Southern California Sensory Integration Tests (SCSIT). Revised 1980, Los Angeles 1980.

BAUER, ANNETTE; LIEBIG, WERNER: Sport als Therapie bei Kindern mit minimaler cerebraler Dysfunktion. Zeitsch. f. Heilpäd., 36. Jg., 1985, Heft 10, 693-700.

BERGER, E.: Minimale cerebrale Dysfunktion bei Kindern. Huber, Bern 1977.

BEUDELS, WOLFGANG U.A.: ... das ist für mich ein Kinderspiel. Handbuch zur psychomotorischen Praxis. Dortmund 1994.

BLÖCHER, ELISABETH: Schwierigkeiten beim Schreibenlernen. Erkennen und Behandeln von Grundursachen. Graphie und Orthographie. Armin Vaas, Langenau-Ulm 1983.

BRAND, INGELID: Kreatives Spielen. Entwicklungsförderung mit dem Pertra-Spielsatz. Dortmund 1988 (4.Aufl.).

BRAND, INGELID; BREITENBACH, ERWIN; MAISEL, VERA: Integrationsstörungen, Diagnose und Therapie im Erstunterricht. Maria-Stern-Schule des Marienvereins mit Marienheim e.V., Würzburg 1988 (4. überarb. Aufl.).

BREITENBACH, ERWIN: Material zur Diagnose und Therapie auditiver Wahrnehmungsstörungen. Würzburg 1989.

BREUNINGER, H.; BETZ, D.: Jedes Kind kann schreiben lernen. Weinheim 1989 (3. Auflage).

CRUICKSHANK, WILLIAM M.: Schwierige Kinder in Schule und Elternhaus. Förderung verhaltensgestörter, hirngeschädigter Kinder. Berlin 1973.

DELACATO, CARL H.: Diagnose und Behandlung der Sprach- und Lesestörungen. Freiburg im Breisgau 1970.

DELACATO, CARL H.: Ein neuer Start für Kinder mit Lesestörungen. Freiburg im Breisgau 1973.

DORDEL, SIGRID: Bewegungsförderung in der Schule. Handbuch des Schulsonderturnens/Sportförderunterrichtes. Dortmund 1991 (2. verb. Aufl.).

EBERLEIN, G.: Autogenes Training für Kinder. Berlin, Heidelberg, New York, Tokyo 1985.

EGGERT, DIETRICH (Hrsg.): Psychomotorisches Training. Weinheim und Basel 1975.

EGGERT, DIETRICH: Lincoln-Oseretzky-Skala, Kurzform (LOS KF 18). Kurzform zur Messung des motorischen Entwicklungsstandes von normalen und behinderten Kindern im Alter von 5-13 Jahren. Beltz, Weinheim 1971, 1974.

EGGERT, DIETRICH: DIAS – Diagnostisches Inventar auditiver Alltagshandlungen, Dortmund 1992.

EGGERT, DIETRICH: DMB – Diagnostisches Inventar motorischer Basiskompetenzen, Dortmund 1993.

FELDKAMP, MARGRET: Sensorische Integrationsstörungen im Kindesalter. Verlag Modernes Lernen, Dortmund 1982.

FELDKAMP, MARGRET; AUFSCHNEITER, DORIT V.; BAUMANN, JÜRGEN U.; DANIELCIK, INGE; GOYKE, MARIANNE: Krankengymnastische Behandlung der infantilen Zerebralparese. Pflaum, München 1989 (4. neubearb. Aufl.).

FELDKAMP, MARGRET; MATTHIASS, HANS-HENNING: Diagnose der infantilen Zerebralparese im Säuglings- und Kindesalter. Thieme Verlag, Stuttgart, New York 1988.

FISCHER, ERHARD: Sinneserziehung: Schulung durch didaktische Materialien oder Erschließung sinnlich vermittelter Bedeutungen. Z.f. Heilpäd., 10 (1985), 708-718.

FRANKENBURG, W.K.; THORNTON, S.M.; COHRS, M.E. (Hrsg.): Entwicklungsdiagnostik bei Kindern. Trainingsprogramm zur Früherkennung von Entwicklungsstörungen. Thieme Verlag, Stuttgart, New York 1986.

FRITZ, ANNEMARIE; FROBESE, R.; ESSER, O.; KELLER, R.; SPENGLER, U.: Schule zum Anfassen. Ein Förderkonzept zum Aufbau von Anstrengungsbereitschaft, Sozialfähigkeit und Handlungsfähigkeit in der Grundschule. Edition Schindele, Heidelberg 1989.

FRITZE, CHRISTA: Die Förderung der auditiven Wahrnehmung bei schulschwachen Schülern im Primarbereich. Theoretische und experimentelle Untersuchung. Bosse Verlag, Regensburg 1979.

FRITZE, CHRISTA; PROBST, WERNER; REINARTZ, ERIKA; REINARTZ, ANTON: Hören. Auditive Wahrnehmungsförderung. Übungs- und Beobachtungsfolge für den Elementar- und Primarbereich, mit Arbeitsblock. Hannover 1976.

FRÖHLICH, ANDREAS D. (Hrsg.): Wahrnehmungsstörungen und Wahrnehmungstraining bei Körperbehinderten. Rheinstetten 1978 (2.Aufl.).

FROSTIG, MARIANNE; HORNE, DAVID: Visuelle Wahrnehmungsförderung. Band 1,2,3. Crüwell Verlag, Dortmund 1972. (jetzt: Schroedel, Hannover)

FROSTIG, MARIANNE; MASLOW, PHYLLIS: Grundlagen der Förderung von Kindern mit minimaler cerebraler Dysfunktion. In: Haupt, Ursula; Jansen, Gerd W. (Hrsg.): Pädagogik der Körperbehinderten. Berlin 1983, 231-250.

GÖBEL, SABINE: Spezielle Aspekte klientenzentrierter Spieltherapie bei verhaltensgestörten Kindern mit minimaler cerebraler Dysfunktion. Prax. d. Kinderpsychol. u. Kinderpsychiatrie, 1976, 42-47.

GRISSEMANN, HANS: Klinische Sonderpädagogik am Beispiel der psycholinguistischen Legasthenietherapie. Bern, Stuttgart, Wien 1980.

GRISSEMANN, HANS: Hyperaktive Kinder. Kinder mit minimaler Dysfunktion und vegetativer Labilität als Aufgabe der Sonderpädagogik in der allgemeinen Schule. Ein Arbeitsbuch. Huber Verlag, Bern, Stuttgart, Toronto 1986.

HARDER, MAREN: Erlebnisorientierter Sportunterricht mit Lernbehinderten. Z. Heilpäd. 1985, H. 10, 719-736.

HEERMANN, MAGDALENE: Schreibbewegungstherapie und Schreibbewegungstest bei verhaltensgestörten, neurotischen Kindern und Jugendlichen. München 1985 (3. Auflage).

HEESE, G.: Was haben Behinderungen mit der Motorik zu tun? In: Heese, G. (Hrsg.): Rehabilitation Behinderter durch Förderung der Motorik. Marhold, Berlin 1975, 9-16.

HEIPERTZ, WOLFGANG: Therapeutisches Reiten. Medizin, Pädagogik, Sport. Stuttgart 1977.

HEUSS, GERTRAUD E.: Sehen, Hören, Sprechen. Stufe 1 und 2. Otto Maier Verlag, Ravensburg 1973.

HEUSS, GERTRAUD E.: Vorschule des Lesens, Wahrnehmungs- und Sprachtraining. Oldenbourg Verlag, München 1971.

HOCHLEITNER, MARGIT: Erziehungs- und Schulschwierigkeiten bei Kindern mit Minimal Cerebral Palsy. Wiener Medizinische Wochenschrift, Nr. 21, 1970, 3-5.

HOCHLEITNER, MARGIT: Untersuchungstechnik zur Erkennung minimaler zerebraler Bewegungsstörungen. Fortschr. Med., 89.Jg. (1971), 100-103.

HOLLE, BRITTA: Die motorische und perzeptuelle Entwicklung des Kindes. München, Weinheim 1988.

HOVEN, MARIELLA VAN DEN; SPETH, LEO: Motorik ist mehr als Bewegung. Psychomotorische Übungen für gesunde und behinderte Kinder. Berlin 1976.

JOHNSON, DORIS J.; MYKLEBUST, HELMER R.: Lernschwächen. Ihre Formen und ihre Behandlung. Stuttgart 1971.

KEPHART, NEWELL C.: Das lernbehinderte Kind im Unterricht. Ernst Reinhardt Verlag, München, Basel 1977.

KIPHARD, ERNST J.: Mototherapie I und II. Dortmund 1983.

KIPHARD, ERNST J.: Motopädagogik. Dortmund 1986 (2.Aufl.).

KIPHARD, ERNST J.: Unser Kind ist ungeschickt. Hilfen für das bewegungsauffällige Kind. München, Basel 1989.

KIPHARD, ERNST J.; Huppertz, H.: Erziehung durch Bewegung. Sportunterricht mit motorisch schwachen und lernbehinderten Kindern. Dortmund 1987 (7. Aufl.).

KIPHARD, E.J.; SCHILLING, FRIEDHELM: Körperkoordinationstest für Kinder (KTK). Weinheim 1974.

KIRCHERT, C.: Die Ermittlung der Schreibhand und Probleme der Linkshänderbetreuung. Motorik, Schorndorf 2, Heft 2 (1979), 50-63.

KNUPFER, HELMUT; RATHKE, FRIEDRICH WILHELM: Spastisch gelähmte Kinder im Alltag. Leitfaden für Eltern, Pädagogen und Ergotherapeuten. Stuttgart, New York ²1986.

KOPPITZ, ELISABETH M.: Die Menschendarstellung in Kinderzeichnungen und ihre psychologische Auswertung. Stuttgart 1972.

KORNMANN, R.; MEISTER, H.; SCHLEE, J. (Hrsg.): Förderungsdiagnostik. Konzept und Realisierungsmöglichkeiten. Schindele, Heidelberg 1986 (2. Aufl.).

LANDESINSTITUT FÜR SCHULE UND WEITERBILDUNG (Hrsg.): Lehse-Rächtschreipschwirrichkeitn. Handreichung 'Pädagogische Konferenz' zum LRS-Erlaß 1991. Soest 1991.

LAUSTER, URSULA: Konzentrationspiele 1 für das erste und zweite Grundschuljahr. Eltern fördern ihr Kind. Reutlingen 1975.

LEYENDECKER, CHRISTOPH H., KALLENBACH, KURT: Motorische Störungen. Deutsches Institut für Fernstudien an der Universität Tübingen. Tübingen 1989.

LEYENDECKER, CHRISTOPH H.: Wahrnehmungsstörungen. Deutsches Institut für Fernstudien an der Universität Tübingen. Tübingen 1988.

LEYENDECKER, CHRISTOPH; NEUMANN, KLAUS: Besonderheiten der Entwicklung von Wahrnehmung, Lernen, Gedächtnis und Intelligenz bei Körperbehinderten. In: Haupt, Ursula; Jansen, Gerd W. (Hrsg.): Pädagogik der Körperbehinderten. Berlin 1983, 410-438.

LOCKOWANDT, O.: Frostigs Entwicklungstest der visuellen Wahrnehmung (FEW). Weinheim 1979.

LÖSCHER, W.: Bewegungsspiele zur Förderung der Feinmotorik. München 1979.

LÖSCHER, W.: Hörspiele. Sinn-volle Frühpädagogik. München 1982.

LÖSCHER, W.: Riech- und Schmeckspiele. Sinn-volle Frühpädagogik. München 1983.

LÖWE, ARMIN: Sprachfördernde Spiele für hörgeschädigte und für sprachentwicklungsgestörte Kinder. Berlin 1976 (4.Aufl.).

LURIA, A.R.: Die höheren kortikalen Funktionen des Menschen und ihre Störungen bei örtlichen Hirnschädigungen. VEB Deutscher Verlag der Wissenschaften, Berlin 1970.

MARTINIUS, JOEST: Funktionelle Asymmetrie des Gehirns und Lateralität. In: Remschmidt. H.; Schmidt, M.: Neuropsychologie des Kindesalters. Enke Verlag, Stuttgart 1981, 73-80.

MERTENS, KRISTA: Körperwahrnehmung und Körpergeschick. Dortmund 1991 (2. Aufl.).

MERTENS, KRISTA: Lernprogramm zur Wahrnehmungsförderung. Dortmund 1983.

MILZ, INGEBORG: Sprechen, Lesen, Schreiben: Teilleistungsschwächen im Bereich der gesprochenen und geschriebenen Sprache. Heidelberg 1988.

MILZ, INGEBORG; STEIL, HEDI (Hrsg.): Teilleistungsschwächen bei Kindern und Jugendlichen. Ein heilpädagogisches Problem in unseren Schulen. Frankfurt am Main 1989 (2. Aufl.).

MISKE-FLEMMING, DOROTHEE: Theorie und Methode zur Behandlung von perzeptionsgestörten Kindern. Berlin 1977.

MÜLLER, ELSE: Auf der Silberlichtstraße des Mondes. Autogenes Training mit Märchen zum Entspannen und Träumen. Frankfurt 1985.

MÜLLER, ELSE: Du spürst unter deinen Füßen das Gras. Autogenes Training in Phantasie- und Märchenreisen. Vorlesegeschichten. Frankfurt 1983.

MÜLLER, HEINER: Optisches Differenzierungs- und Konzentrationstraining. Die Erarbeitung skriptographischer Begriffe als propädeutischer Lese-, Schreib- und Mathematikunterricht. Persen Verlag, Hamburg 1982.

MÜLLER-HOHAGEN, JÜRGEN: Psychotherapie mit behinderten Kindern. München 1987.

N.N.: Das Super-Rätsel-Buch für Kinder. Xenos Verlagsgesellschaft, Hamburg 1990.

NEUKÄTER, HEINZ; GOETZE, HERBERT: Strukturiertes Lernen bei leichtgradig hirngeschädigten verhaltensgestörten Kindern. Heilpäd. Forschung, Bd. XIII, H.2 (1979), 227-234.

OFTERINGER, KURT: Therapeutisches Reiten mit zerebral Bewegungsgestörten. Bundesverband für Spastisch Gelähmte und andere Körperbehinderte e.V.. Düsseldorf o.J..

OHLMEIER, GERTRUD: Frühförderprogramme für behinderte Kinder (0-6). Dortmund 1979.

OLBRICH, INGRID: Auditive Wahrnehmung und Sprache. Dortmund 1989.

POECK, K.; ORGASS, B.: Über die Entwicklung des Körperschemas. Untersuchungen an gesunden, blinden und amputierten Kindern. Fortsch. Neurol. Psychiat. 32 (1964), 109-129.

PORTMANN, ROSEMARIE; SCHNEIDER, ELISABETH: Spiele zur Entspannung und Konzentration. München 1988.

REICH, F.: Notwendigkeit und Möglichkeiten einer frühen Förderung des entwicklungsverzögerten und entwicklungsgestörten hirngeschädigten Kindes - aufgezeigt anhand von neurophysiologischen Erkenntnissen und Theorien. Z. f. Heilpäd., 39. Jg. (1988), H.4, 217-227.

REINARTZ, ANTON; REINARTZ, ERIKA; REISER, HELGA (Hrsg.): Wahrnehmungsförderung behinderter und schulschwacher Kinder. Marhold, Berlin 1979.

REINARTZ, ERIKA: Visuelles Wahrnehmungstraining und psychomotorische Förderung als prophylaktische Maßnahmen gegenüber Lernschwächen in der Schule. In: Heese, G. (Hrsg.): Rehabilitation Behinderter durch Förderung der Motorik. Berlin 1975, 91-115.

REITER REVUE INTERNATIONAL (Hrsg.): Therapeutisches Reiten. Leitfaden für Ärzte, Krankengymnastinnen und Reitlehrer. Mönchengladbach 1972.

ROSENKRANZ, MONIKA: „Hände" - eine Arbeit zur integrativen Körpererziehung. In: Brown, George J. (Hrsg.): Gefühl und Aktion. Gestaltmethoden im integrativen Unterricht. Frankfurt 1978, 115-134.

ROZMAN, DEBORAH: Mit Kindern meditieren. Die Kunst der Konzentration und Verinnerlichung. Frankfurt 1979.

RUF-BÄCHTIGER, LISLOTT: Das frühkindliche psychoorganische Syndrom. Minimale zerebrale Dysfunktion, Diagnostik und Therapie. Thieme Verlag, Stuttgart, New York 1987.

SAUTTER, REINHART; SCHULER, ANGELA: Die Welt erfahren durch die Haut. Neurophysiologische Grundlagen der Wahrnehmungs- und Bewegungsförderung im Hydrotherapieraum. Beschäftigungstherapie und Rehabilitation, Heft 1, 1988, 5-10.

SCHENK-DANZINGER, L.: Legasthenie. Zerebral-funktionelle Interpretation, Diagnose und Therapie. München, Basel 1984.

SCHILLING, FRIEDHELM: Entwicklung und Erscheinungsformen der Händigkeit. Motorik, Schorndorf 2, Heft 2 (1979), 34-42.

SCHMIDTKE, ANDREA: Heilpädagogisches Voltigieren. Aus der Sicht einer Ergotherapeutin. Beschäftigungstherapie und Rehabilitation, Heft 1, 1988, 11-16.

SCHMITZ, MARLIES: Kati lernt hören. Eine Behinderung und ihre Therapie nach Carl H. Delacato. Marhold, Berlin 1987.

SCHOPLER, ERIC; LANSING, MARGARET; WATERS, LESLIE: Übungsanleitungen zur Förderung autistischer und entwicklungsbehinderter Kinder, 0-6 Jahre. Dortmund 1987.

SCHOPLER, ERIC; REICHLER, ROBERT J.: Strategien der Entwicklungsförderung für Eltern, Lehrer und Therapeuten. Dortmund 1983.

SCHUMACHER, GERHARD: Erfahrungsbericht über den „durchstrukturierten Klassenraum". Ein Versuch konsequenter Verhaltenstherapie im Unterricht. Heilpäd. Forschung 1 (1977), 98-111.

SEDLAK, FRANZ; SINDELAR, BRIGITTE: Hurra, ich kann's. Frühförderung für Vorschüler und Schulanfänger. Österreichischer Bundesverlag, Wien 1990 (4. Aufl.).

SEITZ, R. (Hrsg.): Sehspiele. Sinn-volle Frühpädagogik. München 1982.

SEITZ, R. (Hrsg.): Tastspiele. Sinn-volle Frühpädagogik. München 1983.

SIGNER, MYRTHA: Hörtraining bei akustisch differenzierungsschwachen Kindern. Mit Übungsbeispielen für Legastheniker und Hörgeschädigte. Bern, Stuttgart 1975.

SINNHUBER, HELGA: Optische Wahrnehmung und Handgeschick - Übungsanleitungen. Dortmund 1990 (3.Aufl.).

SINNHUBER, HELGA: Spielmaterial zur Entwicklungsförderung - von der Geburt bis zur Schulreife. Dortmund 1978.

SOVÁK, M.: Pädagogische Probleme der Lateralität. Berlin 1986.

SPITZER-NUNNER, EVA: Kinderaugentraining. Reinbek bei Hamburg 1988.

STAATSINSTITUT FÜR SCHULPÄDAGOGIK UND BILDUNGSFORSCHUNG MÜNCHEN (Hrsg.): Erstlesen. Handreichung für Sonderpädagogische Diagnose- und Förderklassen. Würzburg 1989 (4. Aufl.).

STAATSINSTITUT FÜR SCHULPÄDAGOGIK UND BILDUNGSFORSCHUNG MÜNCHEN (Hrsg.): Erstrechnen. Handreichung für Sonderpädagogische Diagnose- und Förderklassen. Teil 1. Grundlegende mathematische Fähigkeiten. Würzburg 1989 (3. Aufl.).

STAATSINSTITUT FÜR SCHULPÄDAGOGIK UND BILDUNGSFORSCHUNG MÜNCHEN (Hrsg.): Handreichung zur Diagnostik für Sonderpädagogische Diagnose- und Förderklassen. Würzburg 1991.

TEML, HUBERT: Entspannt lernen. Streßabbau, Lernförderung und ganzheitliche Erziehung. Linz 1989 (2.Aufl.).

TIKKANEN, MÄRTA: Aifos heißt Sofia. Leben mit einem besonderen Kind. Rowohlt, Reinbek bei Hamburg 1983.

TOUWEN, BERT C.L.: Die Untersuchung von Kindern mit geringen neurologischen Funktionsstörungen. Thieme, Stuttgart, New York 1982.

VERBAND EV. EINRICHTUNGEN FÜR GEISTIG UND SEELISCH BEHINDERTE E.V., FACHVERBAND DES DIAKONISCHEN WERKES EKD (Hrsg.): Wahrnehmungsübungen im Bereich des Tastsinns und des Bewegungssinns (taktil-kinästhetische Wahrnehmung). O.O. 1989 (6. Aufl.).

VESTER, F.: Denken, Lernen, Vergessen. Stuttgart 1975.

WEISS, OSTERLAND: Grundintelligenztest CFT 1. Braunschweig 1977.

ZILER, HERMANN: Der Mann-Zeichen-Test in detail-statistischer Auswertung. Münster 1970 (8.Aufl.).

ZIMMER, R.; VOLKAMER, M.: Motoriktest für 4- bis 6jährige Kinder (MOT 4-6). Beltz, Weinheim 1987 (2. überarb. Aufl.).

ZINKE-WOLTER, PETRA: Spüren - Bewegen - Lernen. Handbuch der mehrdimensionalen Entwicklungsförderung bei kindlichen Entwicklungsstörungen. Dortmund 1994 (3. Aufl.)

ZUCKRIGL, ALFRED: Linkshändige Kinder in Familie und Schule. München, Basel 1986.

15. Glossar (Erklärung verwendeter Begriffe)

(*) bedeutet, daß der nachfolgende Begriff ebenfalls im Glossar aufgeführt ist.

Akustisch: Bezeichnung für Sinnesempfindungen des Hörorgans (Ohren).

Assoziierte tonische Reaktionen: führt das Kind z.B. eine Greifbewegung mit der rechten Hand aus, kommt es auch auf der Gegenseite, also links, zu einer Erhöhung des (*) Tonus (Muskelspannung). Dies äußert sich z.B. in einer Beugung des linken Arms oder dem Spreizen und Verkrampfen der Finger der linken Hand. Diese Reaktionen gehen vom Stammhirn aus und werden im Laufe der Entwicklung zunehmend von höheren Zentren des Gehirns gebremst und integriert. Können die höheren Zentren in der Gehirnrinde diese Aufgabe nicht übernehmen, weil sie geschädigt oder noch nicht ausgereift sind, bleiben die assoziierten tonischen Reaktionen bestehen und sind so ein Hinweis auf Störungen in der Funktion des Gehirns. (Sie sind zu unterscheiden von den (*) Mitbewegungen, die als Spiegelbewegungen auf der Gegenseite ohne erhöhten Muskeltonus auftreten und bis zu einem Alter von ca.10 Jahren im Normbereich liegen).

Asymmetrisch-tonischer Nackenreflex (ATNR): dieser (*) Reflex bewirkt eine Streckung des Armes, wenn das Gesicht ihm zugewandt wird. Der andere Arm führt gleichzeitig eine Beugung im Ellbogengelenk durch. Er besteht normalerweise nur während der ersten Lebensmonate und sollte dann in die übergeordnete Funktion des Gehirns integriert werden. Er bleibt bei vielen Kindern mit Hirnfunktionsstörungen auch im späteren Kindesalter erhalten.

Ataxie: Bewegungsstörung mit Kleinhirnbeteiligung. Störung des geordneten Zusammenwirkens der Muskeln. Auffällig ist das sog. Zielzittern, die starke Gleichgewichtsunsicherheit, v.a. ohne visuelle Kontrolle und der unkoordinierte Krafteinsatz.

Audiologische Untersuchung: Diagnostik von Hörstörungen.

Auditiv: Hörvorgänge betreffend, wobei Hören sowohl die Aufnahme der (*) akustischen Sinnesempfindungen als auch zugleich die (*) kognitive Verarbeitung dieser Sinnesempfindungen umfaßt.

Auge-Hand-Koordination: Koppelung von vorwiegend (*) visuell aufgenommener Information (Input) mit der Handmotorik (Output).

Augenfixationsfähigkeit: die Fähigkeit, einen Gegenstand so anzusehen, daß sein Bild beidseitig auf die fovea centralis, der Stelle schärfsten Sehens im Auge, fällt.

Bilateral: beidseitig.

Bilateralintegration: koordiniertes Zusammenspiel beider Körperhälften.

Bulbus: Augapfel.

Codierung/Decodierung: Ver- und Entschlüsselung von Bedeutungseinheiten. Sie ist Voraussetzung für das Automatisieren von Bewegungen und Bewegungsabläufen und somit auch Voraussetzung dafür, daß Prozesse mit großer Geschwindigkeit ablaufen können. Einzelelemente, die im (*) Gedächtnis gespeichert werden sollen, werden in Gruppen zusammengefaßt gespeichert und können somit später auch mit einem einzigen Impuls zusammen abgerufen werden. In der Sprachwahrnehmung werden durch das Codieren größere Einheiten als Lautkomplexe auf einmal erfaßt.

Defektlinkshändigkeit: wenn in der rechten, (*) dominanten Hand eine diskrete (*) Hemiparese vorliegt, schreibt das Kind mit der linken Hand, greift aber spontan mit rechts, da es eigentlich ein Rechtshänder wäre. Bei anspruchsvollen Aufgaben erweist sich, daß das Kind sprichwörtlich 'zwei linke Hände' hat.

Dominanz: das Überwiegen oder Führen einer Körperseite. Es entsteht durch die funktionelle Asymmetrie der Hirnhemisphären (also die nichtsymmetrische Verteilung bestimmter Aufgaben in den beiden Gehirnhälften). Die Gehirnhälften spezialisieren sich jeweils auf bestimmte höhere Nervenfunktionen wie Sprache, räumliches Vorstellungsvermögen u.a.m.

Dyspraxie: mangelhafte Fähigkeit, einen Bewegungsablauf zu planen und in einer zeitlich geordneten Reihenfolge von koordinierten Bewegungen auszuführen. Sie ist eine schwächere Form der Apraxie und kommt häufiger vor. Dyspraktische Kinder erscheinen ungeschickt, unkoordiniert und schwerfällig. Sie haben in der Regel Probleme im An- und Ausziehen und im Gebrauch von Werkzeugen (Schere, Hammer, Gabel, Zahnbürste...).

Ergotherapeut: Beschäftigungstherapeut (Berufsbild).

Faustschluß: eine automatische Reaktion (* Reflex), die das Schließen der Hand zur Faust bewirkt, wenn die Innenfläche der Hand berührt wird. Abgeschwächt kommt er dann zum Tragen, wenn Kinder beim Krabbeln die Hände nicht mit den ganzen Handflächen auf dem Boden aufsetzen.

Figur-Grund-Wahrnehmung: wichtiger Teilbereich der Wahrnehmung. Das menschliche Gehirn ist in der Lage, aus der Gesamtheit der einströmenden Reize eine begrenzte Anzahl auszuwählen, die dann das Zentrum seiner Aufmerksamkeit bilden. Diese Reize werden also zum Vordergrund bzw. zur 'Figur' und werden bewußt und differenziert wahrgenommen, die anderen Reize bilden nur einen ungenau erfaßten Hinter'grund'. Dies Phänomen gibt es in verschiedenen Wahrnehmungskanälen (* taktil, * auditiv, * visuell). Ein Kind mit einer Figur-Grund-Wahrnehmungsschwäche kann sich schlecht (*) zentrieren und ist darum leicht ablenkbar.

Funktionelle Hirnorgane: ausgedehnte Regelkreise, die weit auseinanderliegende Hirnteile miteinander verbinden können und gemeinsam, in Wechselwirkung mit anderen funktionellen Hirnorganen, für eine Aufgabe (Funktion) zuständig sind.

Gedächtnis: biochemischer Speicher für in den verschiedenen Sinneskanälen einlaufende Informationen. Man unterscheidet je nach der Dauer der Speicherung das (*) Ultrakurzzeitgedächtnis, das (*) Kurzzeitgedächtnis und das Langzeitgedächtnis.

Graphomotorik: die für das Schreiben und Zeichnen notwendigen feinabgestimmten Bewegungen der Finger und der Hand.

Grimassieren: unwillkürliche Gesichtsbewegungen.

Hemiparese: Halbseitenlähmung.

Hemisyndrom: Bewegungsverhalten, das dem einer Halbseitenlähmung ähnelt oder entspricht.

Homolaterales Bewegungsmuster: Bewegungsmuster der kriechenden Vorwärtsbewegung, bei dem der Arm und das Bein der einen Seite gebeugt, der Arm und das Bein der anderen Seite gestreckt werden. Es ist die erste Fortbewegungsart des Menschen und zeigt sich in späteren Lebensjahren noch im Schlafmuster.

Hyperkinetisches Syndrom (HKS): Störungsbild der Bewegungsunruhe, das mit erhöhter Ablenkbarkeit und Sprunghaftigkeit einhergeht.

Hyperaktivität: Bewegungsunruhe.

Hypertonie: hier: erhöhte Muskelspannung.

Hypotonie: hier: verminderte Muskelspannung.

Indikation: die Umstände und Gründe, aufgrund derer eine bestimmte Therapie angezeigt ist.

Item: (Test-)Aufgabe.

Kinästhetische Wahrnehmung: Wahrnehmung der eigenen Bewegung durch Informationen aus den Muskeln, Gelenken und Sehnen.

Kognitiv: die Vorgänge des Erkennens, Denkens und Wahrnehmens betreffend.

Kontralateral: auf der entgegengesetzten Seite, die Gegenseite betreffend.

Körpermittellinie: gedachte senkrechte Linie, die längs den Körper in zwei symmetrische Hälften teilt.

Körperschema: die Vorstellung vom eigenen Körper. Es entsteht im Gehirn wie eine „Landkarte" des Körpers als Ergebnis der Sinnesempfindungen von Haut, Muskeln und Gelenken, der Erdschwere und der Bewegungswahrnehmung. Ein gut entwickeltes Körperschema ermöglicht es dem Menschen, jederzeit zu fühlen, was sein Körper tut, ohne daß er hinsehen oder ihn berühren muß. Es ermöglicht dem Menschen auch, durch schmale oder niedrige Türen zu gehen, ohne anzustoßen.

Kreuzkoordiniertes Bewegungsmuster: beim Krabbeln berühren die Hand und das gegenüberliegende Knie gleichzeitig den Boden, der Kopf dreht sich dabei leicht zur Seite der aufsetzenden Hand. Beim Gehen bewegt sich der rechte Arm zusammen mit dem linken Fuß nach vorne und die rechte Hand zeigt leicht auf den linken Fuß (und umgekehrt).

Kurzzeitgedächtnis: zweiter Filter für Wahrnehmungen. Das KZG speichert ungefähr 20 Minuten lang die eingegangenen Wahrnehmungen, bevor sie entweder 'vergessen' oder im Langzeitgedächtnis fest verankert werden.

Lateralisierung: die Entwicklung einer Seitigkeit, ggf. auch durch aktives Fordern und Fördern einer Körperseite.

Lateralität (Seitigkeit): die bevorzugte Verarbeitung bestimmter Prozesse in einer Großhirnhemisphäre. Bei den meisten Menschen werden räumliche und musikalische Wahrnehmungsmuster effektiver in der rechten Großhirnhemisphäre verarbeitet, während die linke Hemisphäre bevorzugt Wortbildungs- und Denkprozesse berücksichtigt.

Lateralität, gekreuzte: jede Körperseite wird von der gegenüberliegenden Gehirnhälfte gesteuert. Führt bei einer Person das linke Auge, aber die rechte Hand, so liegt eine gekreuzte Lateralität vor, weil die benötigten Nervenbahnen den Balken, also das dicke Nervenbündel zwischen den beiden Gehirnhälften, kreuzen müssen, um z.B. den Gegenstand zu fixieren, den die Person ergreift.

Legasthenie: Lese-Rechtschreibschwäche (LRS).

Leistungsdominanz: meint die größere Geschicklichkeit, Genauigkeit, Schnelligkeit oder Kraft eines Körperteils. Um die Leistungsdominanz beurteilen zu können, muß man beide Körperseiten unter gleichen Bedingungen überprüfen.

Minimale cerebrale Dysfunktion (MCD): leichte Hirnfunktionsstörung.

Mitbewegungen (assoziierte Bewegungen, Spiegelbewegungen, Synkinesien): Spiegelbildliche Bewegungen der Gegenseite, die ebenso wie (*) assoziierte tonische Reaktionen unwillkürlich auftreten, aber mit einer normalen Muskelspannung ausgeführt werden. Sie sind bei vielen hirngesunden Kindern bis zu einem Alter von 9 oder 10 Jahren zu beobachten, bei großer Anstrengung auch noch in späteren Jahren.

Monokular: mit einem Auge.

Motorik (Grobmotorik, Feinmotorik): eine durch Zusammenziehung oder Erschlaffung eines Muskels oder von Muskelgruppen ausgelöste Bewegung. Dabei muß die Zusammenziehung einer Muskelgruppe synchron mit der Erschlaffung der entgegengerichteten Muskelgruppe erfolgen. Hierfür ist eine genau abgestimmte Dosierung des Spannungszustandes (* Tonus) eines jeden Muskels die Voraussetzung. Oft wird unter Grobmotorik die Gesamtkörperkoordination verstanden, unter Feinmotorik die Bewegung(skoordination) einzelner Körperteile wie der Hand, der Augen etc. Aber auch für die Gesamtkörperkoordination wie z.B. das Balancieren ist eine feinmotorische Abstimmung etwa der kleinen Muskeln im Fuß nötig. Deshalb wird auch von Groß- und Kleinmotorik gesprochen, womit dann die groß- und die kleinräumigen Bewegungen gemeint sind.

Neurologie: Nervenheilkunde.

Optisch: die Sinnesempfindung des Sehorgans (Augen) betreffend.

Perzeption: Wahrnehmung, also der Vorgang der Aufnahme und Verarbeitung von Sinneseindrücken aus Auge, Ohr, Innenohr (Gleichgewichtsorgan), Nase, Haut, Muskeln und Gelenken.

Pinzettengriff: das Aufnehmen kleiner Gegenstände zwischen dem Daumen und dem Zeigefinger.

Plastizität: Bildbarkeit, (Form-)veränderungsvermögen.

Frühkindliches psychoorganisches Syndrom (POS): Schweizer Ausdruck für Hirnfunktions- oder Hirnreifungsstörung, die in frühkindlicher Zeit entstanden ist und sich in verschiedenen Symptomen manifestiert, welche eine enge organische und psychische Wechselwirkung haben.

Präferenzdominanz: der überwiegend spontane Gebrauch eines Körperteils, v.a. bei den Verrichtungen des täglichen Lebens.

Praxie: die Fähigkeit, Strategien für komplexe (*) motorische Funktionen wie z.B. Anziehen, Butterbrot schmieren etc. zu entwerfen. Ist die Planung und Umsetzung dieser Strategien mangelhaft, so spricht man von einer (*) Dyspraxie, bei der Unfähigkeit dazu von einer Apraxie.

Programmsteuerungsstörungen: komplexe Störungen der Verarbeitung von wahrgenommenen Reizen und ihre Umsetzung in ein motorisches Programm, z.B. verlangsamte Umstellungsfähigkeit, Hypothesenverwerfungsstörung, fehlerhafte Suchstrategien (nach Ruf-Bächtiger 1987).

Propriozeptive Wahrnehmung (Eigenwahrnehmung, Tiefensensibilität): die Empfindungen, die von Sinnesrezeptoren in den Muskeln und Gelenken dem Gehirn zugeleitet werden. Die propriozeptive Wahrnehmung vermittelt dem Gehirn, wann und in welchem Umfang sich Muskeln zusammenziehen oder strecken, und wann und in welchem Ausmaß sich Gelenke beugen, strecken resp. gedrückt werden. Die Propriozeption ermöglicht dem Gehirn, in jedem Augenblick zu wissen, wo jeder Körperteil sich befindet und wie er sich bewegt.

Raumlagelabilität: Unsicherheit im Erkennen der Raumlage eines Objektes. Hintergrund können sowohl (*) visuelle wie auch (*) taktil-kinästhetische Wahrnehmungsschwächen sein.

Reflex: eine angeborene und automatische Reaktion auf einen Sinnesreiz. Wir haben Reflexe, die dafür sorgen, daß wir uns blitzartig von schmerzhaften Gegenständen, Dingen, die uns erschrecken oder überraschen, zurückziehen können. Andere Reflexe halten unseren Kopf und Körper als Reaktion auf Gleichgewichtssinneseindrücke aufrecht. Es gibt zahlreiche weitere Reflexe.

Rotation: Drehung eines Körpers um sich selbst.

Screening-Verfahren: sogenannte Sichtungsmethode, durch welche schnell und relativ grob besondere Auffälligkeiten, die anschließend genauer untersucht werden müssen, erfaßt werden sollen.

Seitenbetonung (Asymmetrie): die beiden Körperhälften verhalten sich ungleichgewichtig oder unsymmetrisch in der Ausführung von Bewegungen. Eine Körperseite bewegt sich z.B. schneller, hat einen größeren Radius, führt die Bewegung gleichmäßiger oder mit mehr Kraft aus. Zu unterscheiden ist eine Seitenbetonung aufgrund der Hemispärendominanz (ein Rechtshänder schreibt mit der rechten Hand besser und schneller als mit der linken) von der aufgrund einer Schädigung (Kinder mit einer Hemiplegie, die die rechte Seite betrifft, schreiben oft links, auch wenn sie rechtsdominant sind, weil die rechte Hand feinmotorisch beeinträchtigt, also nicht geschickt genug ist.).

Seitigkeit: s. Lateralität.

Sensorik: Bezeichnung für alle mit der Sinneswahrnehmung zusammenhängenden Vorgänge.

Seriale Schwierigkeiten: Schwierigkeiten mit dem Ordnen in der richtigen Reihenfolge.

Simultanes Bewegungsmuster: beide Körperhälften bewegen sich gleichsinnig und im gleichen Rhythmus (z.B. beim 'Robben' der Säuglinge, Rudern etc.).

Skoliose: S-förmige Rückgratverkrümmung.

Spiegelbewegungen: s. Mitbewegungen.

Standardisierung: hiermit ist zum einen die 'Eichung' gemeint, mit der Normwerte erstellt werden, welche die Vergleichbarkeit der Testergebnisse gewährleisten, zum anderen sind damit alle Maßnahmen bei der Konstruktion des Testverfahrens gemeint, die vergleichbare Untersuchungsbedingungen gewährleisten sollen (gleiches Material, gleiche Instruktionen usw.).

Statomotorische Entwicklung: frühkindliche Entwicklung von Haltung und Bewegung.

Streßintoleranz: Unfähigkeit, streßauslösende Situationen zu ertragen.

Symmetrisch-tonischer Nackenreflex (STNR): wird der Kopf nach vorn gebeugt, kommt es reflektorisch zu einer Anbeugung beider Arme und Streckung der Beine sowie einem Rundrücken. Wird er in den Nacken gelegt, kommt es zu einer Armstreckung und Beinbeugung. Beide Körperhälften verhalten sich symmetrisch. Er besteht normalerweise nur während der ersten Lebensmonate und sollte dann in die übergeordneten Funktionen des Gehirns integriert werden. Er bleibt bei vielen Kindern mit Hirnfunktionsstörungen auch im späteren Kindesalter erhalten.

Synkinesien: s. Mitbewegungen.

Taktil: betrifft den Sinn der Berührung von Haut und Schleimhäuten.

Taktil-kinästhetische Rückkoppelungsmechanismen: jede Bewegung wird sofort und unbewußt rückgekoppelt zum Gehirn, und zwar zum Beispiel über den (*) taktilen und (*) kinästhetischen Wahrnehmungskanal, um eventuelle Korrekturbewegungen noch während des Ablaufs der Bewegung zu ermöglichen, die meist ebenfalls automatisch erfolgen. Fassen wir zum Beispiel eine heiße Herdplatte an, ohne es zu ahnen, wird über gut funktionierende taktil-kinästhetische Rückkoppelungsmechanismen eine so schnelle Reaktion (Wegziehen der Hand) ausgelöst, daß wir uns nicht verbrennen. Beim Laufen kontrolliert der taktil-kinästhetische Sinn, unterstützt vom (*) visuellen und (*) vestibulären System, ob unser (*) Muskeltonus und unsere Bewegungen eventuellen Bodenunebenheiten angepaßt sind.

Tonus: hier: Grundspannung der Muskeln, die durch Summation von Einzelzuckungen vieler Muskelfasern entsteht. Muskelspannung.

Ultrakurzzeitgedächtnis: erster Filter für Wahrnehmungen. Im UZG ankommende Wahrnehmungen klingen nach 10 bis 20 Sekunden wieder ab, wenn sie nicht mit bereits vorhandenen, im Gehirn kreisenden Gedanken verknüpft werden.

Vegetativ: das vegetative Nervensystem steuert die unwillkürlichen, also dem Willenseinfluß entzogenen Reaktionen wie Herzschlag, Schweißproduktion etc.

Verbal: sprachlich.

Vestibuläre Wahrnehmung: Gleichgewichtswahrnehmung. Dies Wahrnehmungssystem reagiert auf die Kopfhaltung in bezug zur Schwerkraft der Erde sowie auf verlangsamte oder beschleunigte Bewegungen. Die Sinnesorgane befinden sich im Labyrinth des Innenohrs.

Visuell: das Sehen betreffend, wobei Sehen sowohl die Aufnahme der (*) optischen Sinnesempfindung als auch zugleich die (*) kognitive Verarbeitung dieser Sinnesempfindung umfaßt.

Zentrieren: die ganze Aufmerksamkeit auf einen willkürlichen Punkt richten.

Zerebralparese: vom Gehirn ausgehende Bewegungsstörung mit spastischer (pathologisch erhöhter Muskelspannung) oder athetotischer Komponente (gestörte unbewußte Sensomotorik des Pyramidensystems).

Anhang

Übersicht über die Kopiervorlagen

Spickzettel für den Spielleiter
Spickzettel für die Kameraführung
Sammlung der Instruktionen
Übersicht für Materialkasteninhalt
Anfrageformular
Beobachtungssituation: NUMMER 5 - Auditives Kurzzeitgedächtnis
Beobachtungssituation: NUMMER 15 - Symbole für Scheiben
Beobachtungssituation: NUMMER 16 - Wegbeschreibungen
Beobachtungssituation: NUMMER 27, Aufgabe 1, 2 und 3 - Figur-Grund-Wahrnehmung
Beobachtungssituation: NUMMER 7 - Tracing
Beobachtungssituation: NUMMER 20 - Raumlage
Beobachtungsbogen
Profilbogen

Vor Beginn einmal kopieren:

Spickzettel für den Spielleiter
Spickzettel für den Kameramann
Sammlung der Instruktionen
Übersicht für Materialkasteninhalt
Beobachtungssituation: NUMMER 5 - Auditives Kurzzeitgedächtnis
Beobachtungssituation: NUMMER 15 - Symbole für Scheiben
Beobachtungssituation: NUMMER 16 - Wegbeschreibungen

Vor Beginn drei mal kopieren:

Beobachtungssituation: NUMMER 27, Aufgabe 1 und 2 - Figur-Grund-Wahrnehmung

Pro Kind kopieren:

Beobachtungssituation: NUMMER 7 - Tracing
Beobachtungssituation: NUMMER 20 - Raumlage
Beobachtungssituation: NUMMER 27, Aufgabe 3 - Figur-Grund-Wahrnehmung
Beobachtungsbogen
Profilbogen

Spickzettel für den Spielleiter (SL)

Item	a/n	benutzte Puppe	Stichworte
1	a	keine	Rüstungen anziehen, Ankünd. Prinz Pfiffig.
2	a	Pfiffig.	Langsitz, Pf.: Sorgen
3	n	Pfiffig.	knien/sitzen: Goldstücke in Dose
4	a	Pfiffig.	mit jedem Arm (hoch) Papier zerknüllen
5	n	Pfiffig.	noch stärker, Zauberspruch nachsprechen
6	n	Fee	Zauberstabspitze ohne Kopfbew., dann selbst
7	a	Pfiffig.	Linienblatt: üben, 2.Hand auf Blatt, Stift?
8	n	Pfiffig.	für Krokod. Seile, eigene Farbe rausziehen
9	n	Pfiffig.	zum Krokodil Sumpf, über Baumstamm rüber
10	a	Pfiffig.	zum Krokodil See, Brustschwimmen im Stehen
11	a	Pfiffig.	üben zum Krok.hypnot.: Finger-Daumen-Test
12	n	Kroko + Pfiffi	Knoten/Schleife, and.hypn., Krok: Geschenke
13	a	Pfiffig.	hinter Vorhang: 2 gleiche Stoffe ertasten
14	n	Pfiffig.	Zauberlandkarte (2x), „Jetzt", merken!
15	a	Pfiffig.	richtige Scheibe für Karte (Weg zum Riesen)
16	a	Pfiffig.	Scheibe schieben, nicht festh., Fuß wechs.
17	n	Pfiffig.	Karte: 20 Hüpfer auf jedem Bein, Strecke wo
18	n	Pfiffig.	Karte: mit beid. Beinen zus. vom Berg hüpf.
19	n	Pfiffig.	Karte: zur Höhle Zehengang, um groß zu sein
20	a	Riese	Riese: Spielzeug gegen Hilfe:Rätsel, Stift?
21	n	Riese	6 Mt: R. schämt s. + flüst.Spielz., 2 Ohren
22	n	Riese	Tuch Aug., 30 Sek. Arme, Spielz.? in Hand
23	a	Pfiffig.	Langbank: Ausweis zeichnen, Stift?
24	n	Pfiffig.	nicht Dr.land sehen: Linie rückw., Drehen
25	n	Pfiffig.	Pf.:H. blind, Grisu, Plätzchen: Krabbelt
26	n	Hexe	Hexe: Plätzchen von jeder Seite anreichen
27	a	Pfiffig.	Plätzch. Kunst f. Dr.vater, schöner, Stift?
28	a	Pfiffig.	Wächter einschläf.:Kreise (spiegel, gleich)
29	a	Pfiffig.	Wächter sicher: Ritter schlafen auf Bauch
30	a	Pfiffig.	bedroht: Lippen lecken, Zunge, Backen blas.
31	n	Pfiffig.	Tor – Mensch.luft:gehen, kriechen, seitlich

a: alle Kinder gleichzeitig
n: die Kinder nacheinander

Der Schluß des Märchens könnte folgendermaßen gestaltet werden:

- Lippen lecken bei Bedrohung
- Bitte an Drachen
- Geschenke verteilen
- Drachen versprechen, sich zu bessern
- Drachen: „Bringt uns zum Schloß von Pfiffigunde“
- Wächter: Ausweis zeigen
- Pfiffig. schlägt Ritter zu Ehrenrittern

Spickzettel für die Kameraführung

Stichwort	Nummer	Kameraanweisung	Naheinstellung/Totale
Rüstung	1	einz. /v.v.	T
Langsitz	2	alle /v.S.	T (Rücken, Beine)
Gold	3	nachein. / v.v.	T
Stark?	4	alle / v.v.	T (v.a. alle Hände + Gesichter!)
Spruch	5	nachein. / v.v.	N (Gesicht) Ton!
Stab	6	nachein. / v.v.	N (Zauberstab und Augen)
Linien	7	einz. / v.v./Lösungen	N (Kopf und Hände)
Seile	8	nachein. / v.v.	T
Baum	9	nachein. / sch.v.v.	T
schwimmen	10	alle / v.v.	T
Hypnose	11	alle / v.v.	T (v.a.Oberkörper + alle Hände)
fesseln	12	nachein. / v.S.	T
Stoffe	13	einz. / v.v. / Lösungen	N (Hände)
Karte	14	nachein., a)sch.v.v., b)v.v.	a) T(Kind beide Augen offen? Kopf frontal?), b) N(Kopf/Landkarte)
Scheibe?	15	alle / v.v.	T
schieben	16	alle / v.v.	T
hüpfen	17	nachein. / v.S.	T
Berg	18	nachein. / sch.v.v.	T
Zehengang	19	nachein. / sch.v.v.	T
Riese	20	einz. /v.v./Lösungen	N (Hände + Papier)
flüstern	21	nachein. / v.S. (hinter dem Kind, Blick zum Riesen)	N (Ton!)
starr	22	alle,bei Frage einz./v.v.	T
Ausweise	23	einz. / v.v. / fertige B.	N (Hände und Papier)
rückwärts	24	nachein. / v.v.	T
krabbeln	25	nachein. / sch.v.S.	T
Hexe	26	nachein. / v.v.	T
Kunst	27	einz. / v.v. / Lösungen	N
Kreise	28	alle / v.v.	T
schlafen	29	einz. / v.oben	T
Münder	30	alle / v.v.	N (Gesichter und Hände)
Tor	31	nachein. / v.h.	T

Abkürzung	bedeutet
alle	Kinder agieren gleichzeitig, alle zusammen aufnehmen
einz.	Kinder agieren zwar gleichzeitig, aber bitte einzeln nacheinander filmen (Gesamtzeit aufteilen)
nachein.	Kinder agieren nacheinander, einzeln aufnehmen
v.v.	von vorn filmen
v.S.	von der Seite filmen
v.h.	von hinten filmen
sch.v.v.	schräg von vorn, bzw. etwas von der Seite filmen
T	ganzen Körper aufnehmen (Totale)
N	Naheinstellung bei einem Kind auf Beine, Hände, Augen, Papier etc.

26 Hexe *(nacheinander)* Ach, Du bist es, kleiner Drache. Hier habe ich ein Plätzchen für Dich. Und hier noch ein Plätzchen. Ich weiß ja, daß Du Hunger hast. So, jetzt zieh mal weiter.

27 Kunst *(an alle)* Wir werden jetzt die Plätzchen einmal untersuchen.

1. Klappt das rote Plätzchen auf. Wir schütten ´mal die einzelnen Teile aus der kleinen Tasche heraus. Welche von diesen Gegenständen *(zeigen)* sind in diesem aufgeklebtem Bild versteckt? Legt diese neben das Plätzchen und gebt mir die anderen, die nicht in dem Bild versteckt sind ...

2. Klappt nun das weiße Plätzchen auf. Seht Euch das Bild mit den Tieren an. Schaut mal, wieviel verschiedene Tiere es sind und schreibt die Zahl auf das leere kleine Blatt. Wer nicht zählen oder schreiben kann, hält genauso viel Finger hoch...

3. Nun seht Euch die Seite mit den Schlangenlinien an. Hier sollt Ihr in den Schlangenlinien versteckte Bälle finden. Malt die Linien der Bälle mit Eurem Stift nach.

28 Kreise *(an alle)* Macht einfach mit, was ich Euch mit Armen und Händen vormache *(mind. 6 Kreise je Richtung. Vor jedem Wechsel:)* Und jetzt ...

29 schlafen *(an alle)* Ich habe das Gefühl, als hätten Eure Kreise schon ein wenig gewirkt. Damit der Wächter sich ganz sicher fühlt, tut Ihr doch auch am besten so, als ob ihr eingeschlafen seid. Legt Euch ganz bequem auf den Bauch auf den Boden, räkelt Euch etwas herum und macht die Augen zu, - ganz so, als wärt Ihr zuhause im Bett, o.k.? Ihr könnt sogar etwas schnarchen: Ich sage Euch Bescheid, wenn der Wächter ganz sicher schläft.

30 Münder *(an alle)* Leckt Euch mal die Lippen, damit die Drachen denken, Ihr wolltet sie fressen... Und jetzt andersherum... Könnt Ihr auch die Zunge ganz weit herausstrecken?... Und jetzt blast mal die Backen auf, könnt Ihr das auch?

31 Tor *(an alle)* Damit durch das Tor nur ganz wenig Menschenluft hereinkommt, - sonst werden die Drachen nur noch gieriger -, werde ich das Tor nur so weit wie unbedingt nötig aufmachen. Sage mir STOP, wenn
1 du gerade noch durchgehen kannst,
2 du gerade noch durchkriechen kannst,
3 Du gerade noch seitlich durchschlüpfen kannst.
So, jetzt werde ich mal schauen, ob die Drachen auch da sind. Hast Du alle Geschenke für die Drachen?

Sammlung der Instruktionen (s. Bastelanleitung S. 134)

1 **Rüstung** *(an alle)* Jetzt legt mal eine dieser Rüstungen an, ich helfe Euch dabei. Dafür müßt Ihr Euch Hose oder Rock oder Kleid, sowie Schuhe und Strümpfe ausziehen.

2 **Langsitz** *(an alle)* Setzt Euch bitte auf die Teppichfliesen, und zwar in einer besonderen Weise: Weil Pfiffigunde eine Prinzessin ist, möchte ich Euch jetzt bitten, daß Ihr Euch ganz gerade hinsetzt: Rücken gerade, Beine lang, Hände auf die Beine. Sitzt ihr jetzt alle gerade?

3 **Gold** *(nacheinander)* Lege die Goldstücke eins nach dem anderen mit einer Hand in die Dose. Fang an einer Seite an.

4 **stark?** *(an alle)* Ich möchte gerne wissen, ob meine Ritter stark genug sind, um es mit den Drachen aufnehmen zu können. Stellt Euch bitte alle nebeneinander, hebt Euren stärkeren Arm hoch. Ich gebe Euch jetzt ein Blatt in die Hand, das Ihr mit ausgestrecktem Arm ganz zerknüllen sollt. Und jetzt noch ein Blatt für die andere Hand.

5 **Spruch** *(an alle)* Ich lese Deinen Zauberspruch Stück für Stück vor und Du sprichst ihn mir nach, o.k.?

6 **Stab** *(nacheinander)* Die Zauberkraft aus diesem Zauberstab fließt heraus, wenn Du die Spitze ganz fest anschaust, ohne den Kopf zu bewegen. ... Jetzt nimm ihn doch einmal selbst in die Hand und schau seine Spitze an. Streck´ den Arm aus und bewege den Stab wieder hin und her und auf und nieder, aber halte den Kopf ruhig... Spürst Du die Kraft?

7 **Linien** *(an alle)* Kreist mit Eurem Stift einen Drachen ein.... Und jetzt malt die Drachenschnur nach, von Eurem Drachen aus, also von oben nach unten. Mal sehen, wo Ihr ankommt... Legt die andere Hand auf das Blatt, damit es nicht wegrutscht.

8 **Seile** *(nacheinander)* Stell´ Dich hier ´mal aufrecht vor die verschlungenen Seile. Du sollst das Seil mit Deiner Kugel am Ende herausziehen. An welchem Seil hier unten *(zeigen)* mußt Du ziehen? Können Deine Augen das allein herausfinden?

9 **Baum** *(nacheinander)* Willst Du einmal versuchen, auf diesem Baumstamm den Sumpf zu überqueren?

10 **schwimmen** *(an alle)* Könnt Ihr Brustschwimmen? ... Ich zeige Euch einmal, wie das geht... *(auf der Stelle mit den Armen Schwimmbewegungen machen)* Dann laßt uns leise alle zusammen losschwimmen *(mind. 10 Züge nur mit den Armen).* So, ich spüre Boden unter den Füßen, Ihr auch?

11 Hypnose *(an alle)* Schaut gut her, ich mache es vor... Jetzt macht das mal nach... So, und wieder zurück... und wieder hin... und so weiter *(vormachen, bis die Ritter die Kreise 8-10 mal nachgemacht haben).*

12 fesseln *(nacheinander)* Fessle Du jetzt das Krokodil mit einer Schleife. Wenn Du keine Schleife binden kannst, versuche es mit einem Knoten. Du kannst das Seil auch vorher drumwickeln, damit es kürzer ist.

13 Stoffe *(an alle)* Fühlt einmal mit beiden Händen, was hinter dem Vorhang ist... Versucht jetzt, zwei Stoffstücke zu finden, die sich gleich anfühlen, - gleich groß sind sie sowieso.

14 Zauberlandkarte *(nacheinander)* Der Kameramann weiß, wo der Riese wohnt. Er zeigt Dir gleich ein Zeichen, das Du Dir merken mußt, damit Du den Weg zum Riesen finden kannst. Ich übe jetzt 'mal mit Dir, was Du gleich machen sollst. Nimm diese Zauberlandkarte in beide Hände. Ich gehe jetzt ein Stück weg *(3 m weg gehen)*... Ich lege nun meinen Finger unter dieses Auge *(unter das führende Auge des SL legen)*... Halte mit ausgestreckten Armen die Zauberlandkarte hoch und schau durch das Loch genau in mein Auge mit dem Finger darunter. Wenn Du mein Auge siehst, sage: JETZT... *(Kind sagt JETZT).* Du kannst die Arme wieder herunternehmen, ich habe gut Dein rechtes/linkes Auge gesehen. Jetzt probieren wir wir das mal mit der Kamera. Schau zur Kamera... Halte die Zauberlandkarte wieder mit ausgestreckten Armen hoch und schau durch das Loch genau in dieses Auge der Kamera (*dorthin zeigen).* Wenn Du das Kameraauge siehst, sage JETZT... *(Kind sagt" JETZT))*... Prima, jetzt zeigt der Kameramann Dir das Zeichen. Merk es Dir gut... Hast Du es Dir gemerkt? Dann nimm die Arme wieder herunter.

15 Scheibe? *(an alle)* Stellt Euch bitte hinter die Scheibe mit dem Zeichen, das Ihr Euch merken solltet ... Jetzt schaut ´mal auf die Rückseite der Scheibe. Ist dort eine Farbe zu sehen? Sagt mir, ob und welche Farbe Ihr seht.

16 schieben *(an alle)* Schiebt die Scheibe auf der Linie mit einem Fuß vorwärts bis zu der Karte, auf der ihr eine Wegbeschreibung findet. Nicht mit dem Fuß auf die Scheibe treten.

17 hüpfen *(nacheinander) (SL/ein Ritter liest die Karte vor).* Hüpfe auf einem Bein bis zu der (*zeigen*) Stelle der Wand, dann auf dem anderen zum Berg *(Kasten).*

18 Berg *(nachein.) (SL/ein Ritter liest die Karte vor)* Springe mit beiden Beinen zusammen vom Berg hinunter.

19 Zehengang *(nacheinander) (SL/ein Ritter liest die Karte vor)* Gehe hoch auf den Zehenspitzen zur Höhle des Riesen, damit er denkt, Du wärst auch sehr groß. Ich mache es einmal vor. (auf Zehenspitzen, durchgedrückte Knie, Kopf hoch, Arme hängen herab)

20 Riese*(an alle)* Kreuzt hier mal in jeder Zeile das Bild hinter dem Strich an, das ganz genau so wie das ganz vorn aussieht. (Erste Zeile ggf. erklären und korrigieren lassen)

21 flüstern *(nacheinander)* Setze Dich bitte auf den Kasten dort, und zwar seitlich. Schau nicht mich an, sondern zur Wand, so daß Du mit dem Ohr, mit dem Du am liebsten zuhörst, in meine Richtung horchst. Das andere Ohr halte Dir locker mit der Hand zu... Ich flüstere Dir jetzt etwas über das Geschenk zu... (flüstert *3-silbige Benennung)* Was hast Du gehört? ...*(ggf. 2x jeweils lauter wiederholen und notfalls selbst laut benennen, damit es vom Kind richtig gespeichert werden kann)* Und nun setze Dich andersherum, schau wieder die Wand an und halte das andere Ohr locker zu, ich flüstere Dir noch etwas über das Geschenk zu ... *(s.o.)...* Was hast Du gehört? *(ggf. wie vorher verfahren).* Merk es Dir gut, ja?

22 starr *(an alle)* Ich verbinde Euch nun die Augen. Streckt mal die Arme nach vorne aus und dreht die Hände mit gespreizten Fingern nach oben, damit ich dort etwas hineinlegen kann. Ich fürchte, Ihr müßt ein Weilchen warten, bis ich alles gefunden habe ... *(20 Sek warten) (nacheinander)* Was habe ich Dir eigentlich gesagt, was ich gestohlen habe?... (*SL gibt es dem Kind. Falls es sich nicht erinnert:)*Jetzt fällt es mir wieder ein...Mach die Augen wieder auf.

23 Ausweise *(an alle)* Malt Euch selbst mit dem ganzen Körper auf das Blatt Papier. Ihr benötigt es als Ausweis, um wieder aus dem Drachenland herausgelassen zu werden.

24 rückwärts *(nacheinander)* (ab *7 Jahre)* Gehe auf dieser geraden Linie rückwärts und setze dabei genau Fuß hinter Fuß. (*unter 7 Jahre)* Gehe auf dieser geraden Linie rückwärts. *(an alle)* Und nun drehe Dich ganz um Dich selbst und gehe weiter rückwärts.

25 krabbeln *(nacheinander)* Was ich jetzt dem Ritter sage, der als erster loskrabbelt, gilt für Euch alle. Versuche mal, an der Hexe vorbeizukrabbeln. Vielleicht denkt sie, Du wärst der kleine Drache. Wenn sie Dich aber ruft, dann bleibe stehen und warte, was sie will. Und v.a. rede kein Wort, sonst weiß sie, daß Du nicht der kleine Drache bist. ... Wenn sie Dir Plätzchen geben will, nimm diese vorsichtig in den Mund, laß sie dann aber behutsam auf den Moosklotz fallen, denn sie sind giftig für Menschen, wenn man sie länger im Mund behält. Nimm sie aber mit, Du brauchst sie für den Drachenvater. Jetzt krabbel mal los.

Kopiervorlage für Beobachtungssituation Nummer 5

NIMARO	KATIPOLA	FAKIPOTEMO	SALIMONEGUTE
POTIKA	DOBIMAGO	GAFINOBEDA	NIMOREPATUFI
BAGIDU	NUMOLISA	MAMIFOTESA	PASUKOLERIFA

Kopiervorlage für Beobachtungssituation Nummer 15

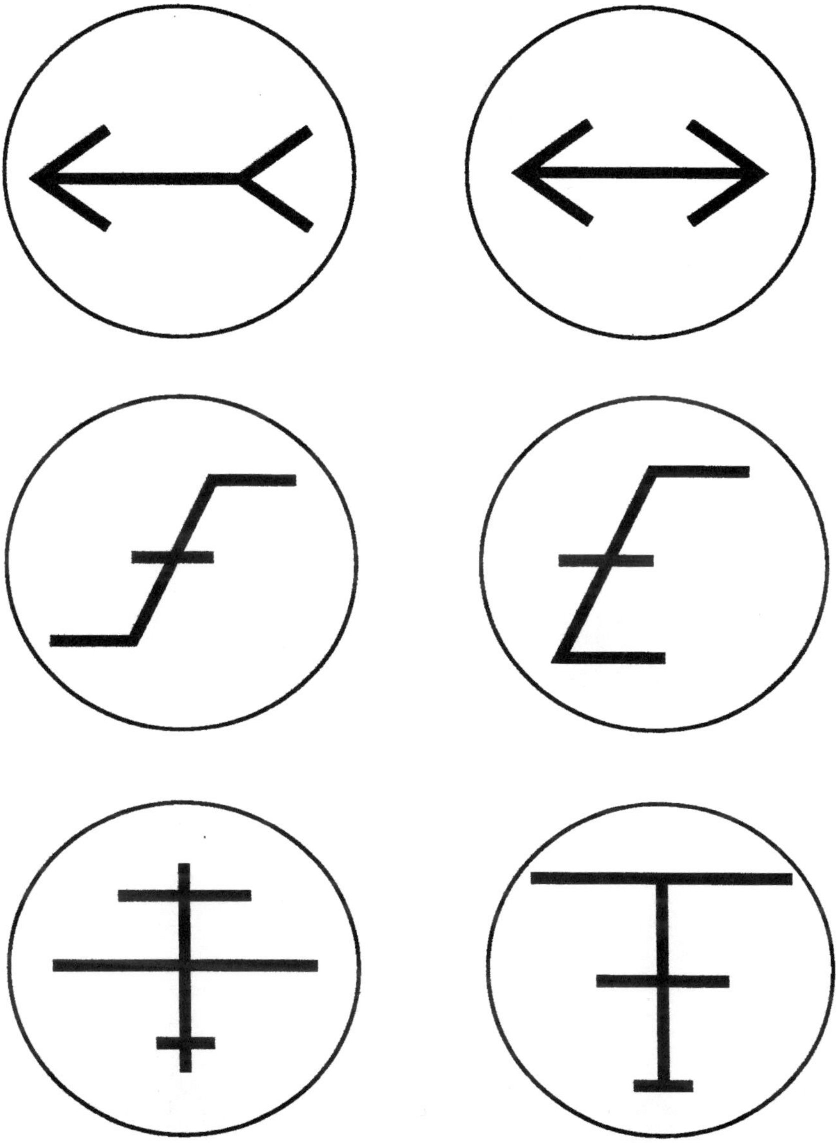

Kopiervorlage für Beobachtungssituation NUMMER 16

1. Hüpft auf einem Bein zur Wand, dann mit dem anderen zum Berg	leider falsch
2. Hüpft mit beiden Beinen zusammen vom Berg herunter	leider nicht richtig
3. Geht hoch auf Zehenspitzen bis zum Haus des Riesen	stimmte leider nicht

Kopiervorlage für Beobachtungssituation Nummer 27, Aufgabe 1

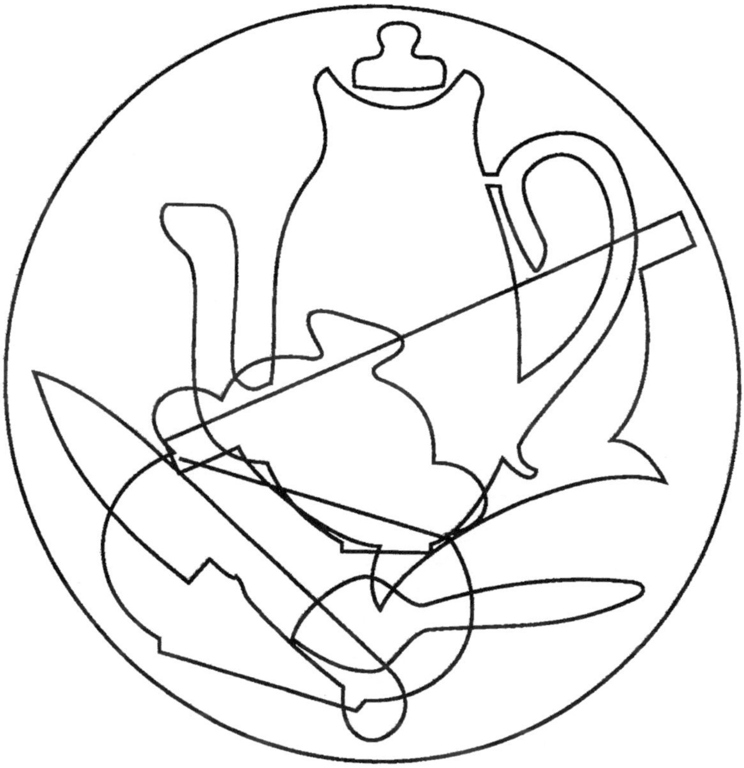

Kopiervorlage für Beobachtungssituation NUMMER 27, Aufgabe 1

Kopiervorlage für Beobachtungssituation Nummer 27, Aufgabe 1

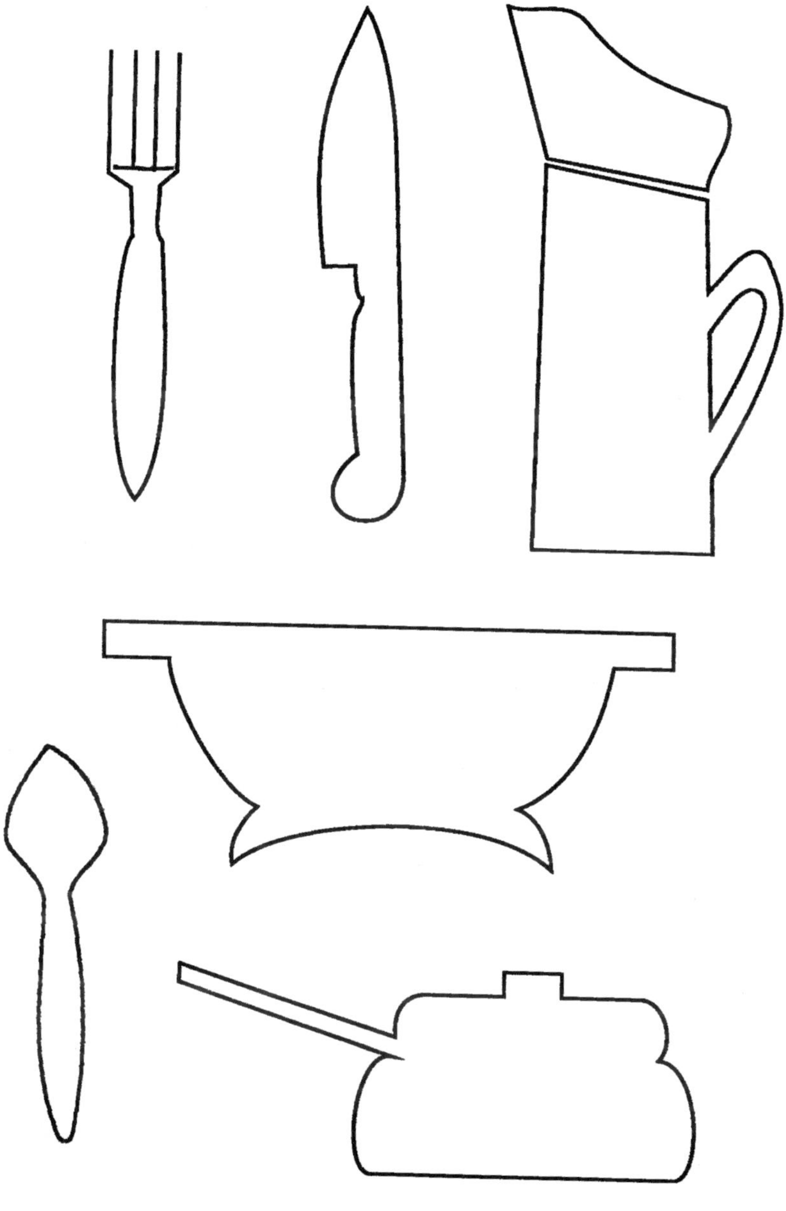

Kopiervorlage für Beobachtungssituation Nummer 27, Aufgabe 2

Kopiervorlage für Beobachtungssituation Nummer 27, Aufgabe 3

Kopiervorlage für Beobachtungssituation Nummer 7

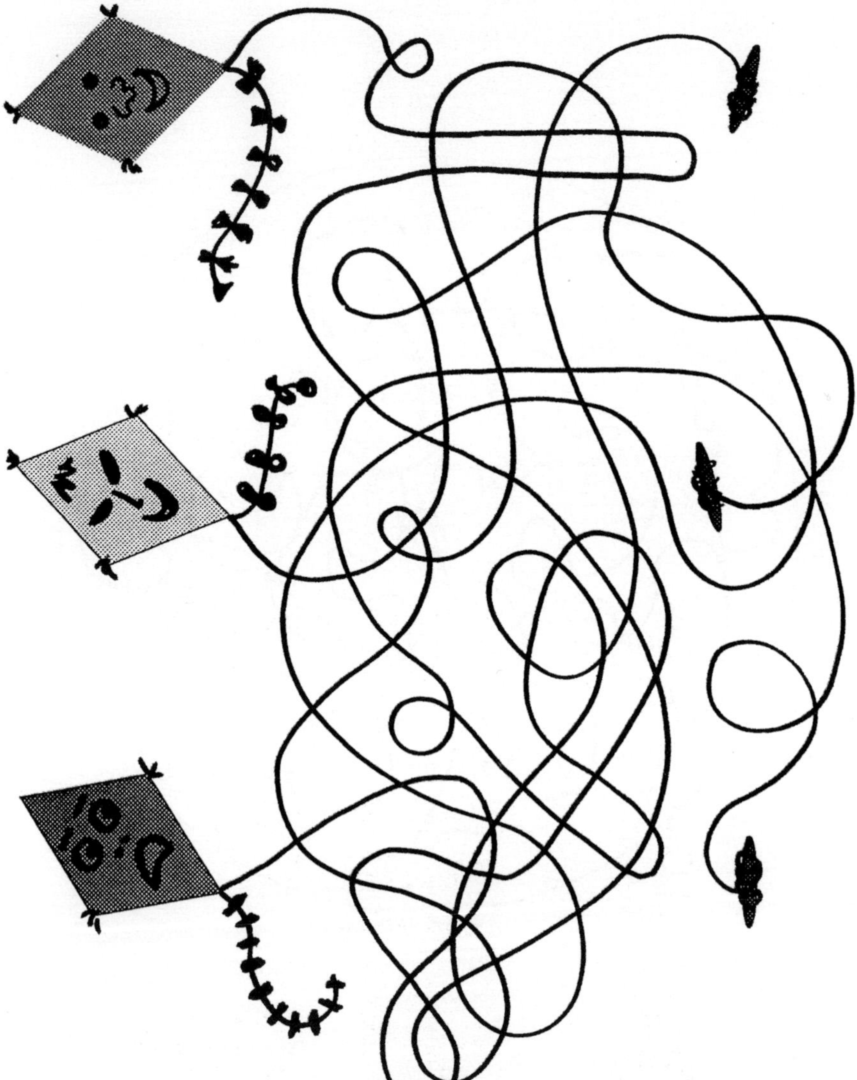

Kopiervorlage für Beobachtungssituation Nummer 20

Kopiervorlage für Beobachtungssituation Nummer 20

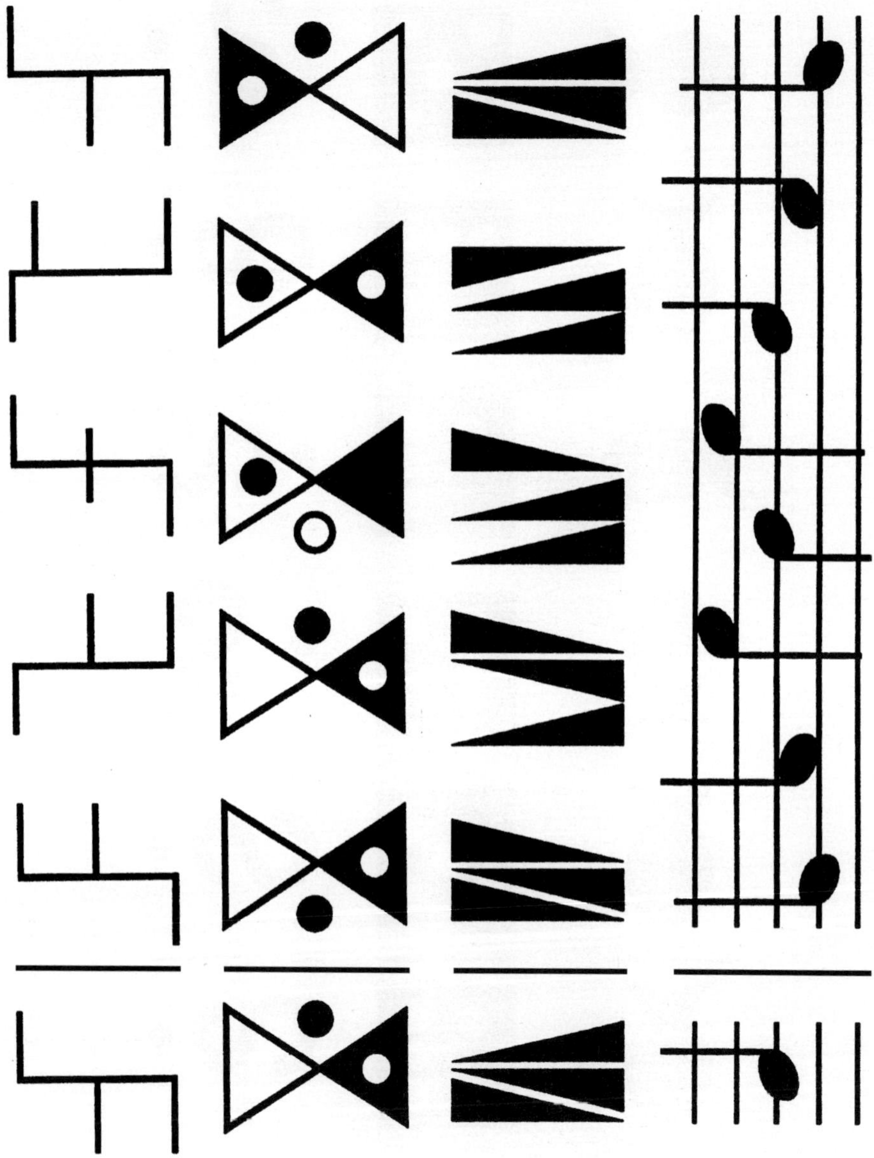

Beobachtungsbogen

Name:	Klasse/Gruppe:
Alter:	Spielleiter:
Datum:	Videoband Nr:

Bitte die Bewertungen nach folgendem Schema eintragen:

Z = Ziffer 0, 1 oder 2 eintragen, also (0, 1, 2)

+/-Z = Ziffer 0, 1 oder 2 mit Vorzeichen eintragen, also (-2, -1, 0, +1, +2)

L = Lateralität: rechts, links oder wechselnd eintragen, also (L, R, W)

A = Asymmetrie: auffällige Seite eintragen, also (l, r)

(1. Teil)

NUMMER 1	Grobmotorische Koordination Z:	....
NUMMER 2	Muskelspannung +/-Z:	....
NUMMER 3	Auge-Hand-Koordination Z:	....
	Präferenzdominanz (Hand) L:	....
	Pinzettengriff (Feinmotorik, Hand) Z:	....
	Bilateralintegration Z:	....
NUMMER 4	Mitbewegungen Z:	....
	Präferenzdominanz (Hand) L:	....
	Leistungsdominanz (Hand) L:	....
	Feinmotorische Koordination (bei dom. Hand) Z:	....
NUMMER 5	Auditives Kurzzeitgedächtnis Z:	....
	a) Verbale Erfassungsspanne (Umfang des reproduzierten Materials) Z:	....
	b) Sequentielle Speicherung Z:	....
	Auditive Differenzierung Z:	....
NUMMER 6	Augenmotorik Z:	....
	Auge-Hand-Koordination Z:	....
	Präferenzdominanz (Hand) L:	....
NUMMER 7	Auge-Hand-Koordination Z:	....
	Graphomotorik Z:	....
	Bilateralintegration Z:	....
	Präferenzdominanz (Hand) L:	....
	Visuelle Figur-Grund-Wahrnehmung Z:	....

NUMMER 8	Augenmotorik Z: .... Figur-Grund-Wahrnehmung Z: .... Präferenzdominanz (Hand) L: ....
NUMMER 9	Gleichgewicht Z: .... Muskelspannung +/-Z: .... Präferenzdominanz (Fuß) L: ....
NUMMER 10	Bilateralintegration (simultanes Bew.muster) Z: Seitendifferenz/Asymmetrien (Arme) Z: .... A: .....
NUMMER 11	Handmotorik a) Geschmeidigkeit, Rhythmus der Fingerbewegungen Z: .... b) Wende Z: .... Mitbewegungen Z: .... Präferenzdominanz (Hand) L: ....
NUMMER 12	Knoten/Schleife (Feinmotorik Hand) Z: ....
NUMMER 13	Taktile Differenzierung Z: .... Präferenzdominanz (Hand) L: ....

(2. Teil)

NUMMER 14	Präferenzdominanz (Auge) L: ....
NUMMER 15	Visuelles Kurzzeitgedächtnis Z: ....
NUMMER 16	Präferenzdominanz (schieb. Fuß) L: .... Gleichgewicht Z: .... Fußfeinmotorik Z: ....
NUMMER 17	Leistungsdominanz (Bein/Fuß) L: .... Seitendifferenz/Asymmetrien a) Arme Z: .... A: .... b) Beine Z: .... A: .... Muskelspannung +/-Z: .... Grobmotorische Koordination (Hüpfen) Z: ....

NUMMER 18	Bilateralintegration Z:	....
	Seitendifferenz/Asymmetrie (Arme)	Z: ....
		A: ....
	Muskelspannung +/-Z:	....
NUMMER 19	Muskelspannung +/-Z:	....
	Mitbewegungen Z:	....
	Seitendifferenz/Asymmetrien	
	a) Arme	Z: ....
		A: ....
	b) Beine	Z: ....
		A: ....
	Gleichgewicht Z:	....
NUMMER 20	Raumlage (visuelle Wahrnehmung) Z:	....
	Präferenzdominanz (Hand) L:	....
	Graphomotorik Z:	....
NUMMER 21	Hörprüfung rechts Z:	....
	links Z:	....
	Präferenzdominanz (Ohr) L:	....
NUMMER 22	Gleichgewicht/vestibuläre Wahrnehmung Z:	....
	Seitendifferenz/Asymmetrien (ganzer Körper)	Z: ....
		A: ....
	Auditives Kurzzeitgedächtnis Z:	....

(3. Teil)

NUMMER 23	Präferenzdominanz (Hand: Geschicklichkeit) L:	....
	Graphomotorik Z:	....
NUMMER 24	Gleichgewicht Z:	....
	Vestibuläre Wahrnehmung Z:	....
	Seitendifferenz/Asymmetrien (Beine)	Z: ....
		A: ....
	Mitbewegungen Z:	....
NUMMER 25	Bilateralintegration (Kreuzkoordiniertes Bewegungsmuster) Z:	....
	Nicht-integrierte Reaktion (Faustschluß) Z:	....

NUMMER 26	Tonische Nackenreakt./nicht-integr.-Reaktionen	
	a) ATNR (asymmetr.-tonische Nackenreaktion) Z:	....
	Seitendifferenz/Asymmetrien A:	....
	b) STNR (symmetr.-tonische Nackenreaktion) Z:	....
NUMMER 27	Visuelle Figur-Grund-Wahrnehmung	
	Aufgabe 1 Z:	....
	Aufgabe 2 Z:	....
	Aufgabe 3 Z:	....
	Graphomotorik Z:	....
NUMMER 28	Bilateralintegration	
	a) Spiegelbildliche Kreise Z:	....
	Leistungsdominanz (Hand) L:	....
	b) Gleichgerichtete Kreise Z:	....
	Leistungsdominanz (Hand) L:	....
	c) Wechsel zwischen spiegelbildlichen und gleichgerichteten Kreisen Z:	....
NUMMER 29	Bilateralintegration (homolat. Schlafmuster) Z:	....
NUMMER 30	Mundmotorik Z:	....
	Mitbewegungen Z:	....
NUMMER 31	Körperschema Z:	....

Profilbogen

Name: Klasse/Gruppe:
Alter: Spielleiter:
Datum: Videoband Nr.:

Grobmotorik

Bewertung:

	Nr.	2	1	0	-1	-2	Nr.
Muskelspannung	2						2
	9						9
	17						17
	18						18
	19						19

	Nr.	0	1	2	Nr.
Mitbewegungen	4				4
	11				11
	19				19
	24				24
	30				30
Nicht-integrierte Reaktionen	25				25
	26a				26a
	26b				26b
Gleichgewicht	9				9
	16				16
	19				19
	22				22
	24				24
Grobmot. Koordination	1				1
	17				17

	Nr.	0	1	2	l/r	Nr.
Seitendifferenz/ Asymmetrien	10					10
	17a					17a
	17b					17b
	18					8
	19a					19a
	19b					19b
	22					22
	24					24
	26					26

Feinmotorik

	Nr.	0	1	2	Nr.
Augenmotorik	6				6
	8				8
Handmotorik /Graphomotorik	3				3
	4				4
	7				7
	11a				11a
	11b				11b
	12				12
	20				20
	23				23
	27				27
Auge-Hand-Koordination /feinmot. Koordination	3				3
	6				6
	7				7
Mundmotorik	30				30
Fußmotorik	16				16
Körperschema	(23)				(23)
	31				31
Gedächtnis					
auditiv	5				5
	5a				5a
	5b				5b
	22				22
visuell	15				15

Bilateralintegration

	Nr.	0	1	2	Nr.
Körpermittellinie	3				3
simult. Bew.muster	10				10
homolateral. Bew.muster	29				29
kreuzkoord. Bew.muster	25				25
Bilateralintegration	7				7
	18				18
	28a				28a
	28b				28b
	28c				28c

Lateralität

	Nr.	links	rechts	wechselnd	Nr.
Hand Leistungsdominanz	4				4
	28a				28a
	28b				28b
Hand Präferenzdominanz	3				3
	4				4
	6				6
	7				7
	8				8
	11				11
	13				13
	20				20
	23				23
Auge Präferenzdominanz	14				14
Bein/ Leistungsdominanz	17				17
Fuß Präferenzdominanz	9				9
	16				16
Ohr Präferenzdominanz	21				21

Wahrnehmung

	Nr.	0	1	2	Nr.
Visuelle Wahrnehmung	7				7
	8				8
	20				20
	27a				27a
	27b				27b
	27c				27c
Auditive Wahrnehmung	5c				5c
Hören rechts	21				21
links	21				21
Taktile Wahrnehmung	13				13
Vestibuläre Wahrnehmung	22				22
	24				24

Benötigtes Spielmaterial: Materialkasten für 3 Ritter

In die *Tasche*, die der SL (Spielleiter) sich umhängt, gehört folgendes Material:

Beob-achtungs-situation	in 3 Farben	Material	im Material-kasten enthalten ?
alle		Spickzettel für SL (an die Hand zu hängen)	
1	ja	3 Rüstungen mit je 4 Bändern	
1, 6, 26		Handpuppen: Prinzessin, Fee, blinde Hexe	
3		Geldsack mit 60 Goldstücken	
4		6 Blätter DIN A 4 zum Zerknüllen	
6		Zauberstab	
7	ja	3 Vorlagen	
7, 20, 23, 27	ja	3 Bunt- und/oder Folienstifte	
23	ja	Block mit DIN A5 Blättern für Paß, farbig markiert	
14	ja	3 Holzscheiben (an Kameramann/-frau geben)	
22		3 Augenbinden	
21/22		3 Spielzeuge im Stoffsäckchen mit Benennungen	
27	ja	je 3 rote und weiße Plätzchen, 3 kleine Zettel	

Darüberhinaus notwendiges Material für Aufbauten im Raum:

Beobach-tungssi-tuation	in 3 Farben	Material	im Material-kasten ent-halten ?
alle		Spickzettel für Kameramann, -frau	
2 - 7	ja	3 Sitzmatten	
3	ja	3 Dosen	
8	ja	3 x 3 Zauberschnüre	
8	ja	3 Tücher zum Bedecken der Zauberschnüre	
9		umgedrehte Langbank	
11		Krokodil (keine Handpuppe)	
13	ja	3 Tastboxen	
13	ja	3 x 6 Stoffpaare	
14		Zauberlandkarte (bevorzugt im Deckel des Kastens)	
15		3 Holzscheiben	
16		6 Wegbeschreibungen	
16, 19		1 Rolle Kreppband	
18		Berg (Kasten/Stuhl)	
19		Höhle für den Riesen (Stoff, mit Kreppband befestigen)	
19,28		Handpuppen: Riese mit Stock/langem Kleid, Wächter	
20	ja	3 Vorlagen (zusammengeheftet, in der Höhle des Riesen)	
31		Tor vor dem Drachenschloß	
Ende		Drachenschloß, 3 Drachen	

Benötigtes Spielmaterial: Materialkasten für 1 Ritter

In die *Tasche*, die der SL (Spielleiter) sich umhängt, gehört folgendes Material:

Beobachtungs-situation	in rot, blau o. gelb	Material	im Material-kasten enthalten ?
alle		1 Spickzettel für SL (an die Hand zu hängen)	
1	ja	1 Rüstung mit 4 Bändern	
1, 6, 26		Handpuppen: Prinzessin, Fee, blinde Hexe	
3		1 Geldsack mit 20 Goldstücken	
4		2 Blätter DIN A 4 zum Zerknüllen	
6		1 Zauberstab	
7	ja	1 Vorlage	
7, 20, 23, 27	ja	1 Bunt- und/oder Folienstift	
14	ja	3 Holzscheiben (an Kameramann/-frau geben)	
22		1 Augenbinde	
22		1 Spielzeug (mit Benennungsvorschlag)	
23		1 DIN A5 Blatt für den Paß	
27	ja	1 rotes und 1 weißes Plätzchen	

Darüberhinaus notwendiges Material für Aufbauten im Raum:

Beobach-tungssi-tuation	in rot, blau o. gelb	Material	im Material-kasten enthalten ?
alle		1 Spickzettel für Kamerafrau bzw. -mann	
2 - 7	ja	1 Sitzmatte	
3		1 Dose	
8		3 Zauberschnüre (farbig markiert)	
8	ja	1 Tuch zum Bedecken der Zauberschnüre	
9		umgedrehte Langbank	
11		Krokodil (keine Handpuppe)	
13	ja	1 Tastbox	
13		6 Stoffpaare	
14		1 Zauberlandkarte (im Deckel des Kastens)	
15		3 Holzscheiben	
16		6 Wegbeschreibungen (in Schutzhülle)	
16, 19		1 Rolle Kreppband	
18		Berg (Kasten/Stuhl)	
19		1 Höhle für den Riesen (Stoff, mit Kreppband befestigen)	
19,28		Handpuppen: Riese mit Stock/langem Kleid, Wächter	
20		1 Vorlage (zusammengeheftet, in der Höhle des Riesen)	
31		1 Stofftor (verdeckt das Drachenschloß)	
Ende		Drachenschloß (Stuhl mit Tuch darüber), 3 Drachen	

Informationen zu den bestellbaren Materialkästen

Sie haben die Wahl zwischen 2 Grundausstattungen:

Die sog. **'*Komfort*'ausgabe** enthält fast alles[1], was Sie zur Umsetzung der *'Diagnostik mit Pfiffigunde'* benötigen. Sie müssen v.a. nichts mehr selbst basteln, - auch benötigen Sie keine Kopien mehr aus dem Buch, da die Vorlagen mit Folie bezogen und Folienstifte in den Farben der Ritter im Materialkasten enthalten sind.
Die sog. **'*Spar*'ausgabe** enthält nur das Material, welches Sie unbedingt benötigen und in der Regel schlecht durch vorhandenes Material ersetzen können bzw. mit einem relativ hohen Aufwand selbst basteln müßten.
Beide Ausstattungen sind lieferbar mit oder ohne die auch im Film und z.T. im Buch zu sehenden hochwertigen handgeschnitzten **Handpuppen** aus Holz mit ihren ausdrucksvollen Gesichtern.
Das Verfahren ist ursprünglich für die gleichzeitige Überprüfung von **drei** Kindern in einer Kleingruppe vorgesehen. Eine Reihe von Institutionen wie z.B. ergotherapeutische und Heilpädagogische Praxen, Beratungsstellen etc. arbeiten vorwiegend mit einzelnen Kindern, möchten aber dennoch die Überprüfung von Wahrnehmung und Motorik mit der *'Diagnostik mit Pfiffigunde'* vornehmen. Daher gibt es die Möglichkeit, die 'Spar'- und die 'Komfort'ausgabe auch **für ein einzelnes Kind** zu bestellen.

Schließlich kommt noch eine weitere Möglichkeit hinzu:

Wie im Buch dargestellt (vgl. Kap. 6.2), kann man das **Verfahren in drei Teile** teilen, die von der Märchenlogik her in sich abgeschlossen sind und verschiedene inhaltliche Schwerpunkte abfragen. Sie haben die Möglichkeit, das Material für jeden der drei Teile einzeln zu bestellen, - allerdings benötigen Sie dann beim ersten Mal zusätzlich eine **Grundausstattung**, damit Sie die für jeden Teil notwendigen Einzelteile zur Verfügung haben. Wenn Sie später aufstocken wollen, bestellen Sie nur das Material eines weiteren Teils.
Ich habe mich bemüht, die verschiedenen Möglichkeiten einigermaßen übersichtlich darzustellen. Die Preise sind knapp kalkuliert, es steckt halt eine Menge Handarbeit in dem fertigen Material. Wenn Sie an den Materialkästen interessiert sind, können Sie bei mir die derzeitigen Preise per e-mail abfragen. Im folgenden eine genaue Auflistung der Ausstattung der einzelnen Materialkästen.

---

[1] Leider konnte ich die Drachen und das Krokodil nicht mehr ordern. Ersetzen Sie sie durch andere furchterregend aussehende Tiere und passen Sie die Märchenlogik entsprechend an. Die Langbank und der Kasten sind ebenfalls nicht durch mich zu beziehen.

'Komfort'ausgabe für 3 Ritter (K 3)

Material	ohne Puppen	mit Puppen	
• 1 Karton für Material (Deckel für Zauberlandkarte verwenden) • 1 Stofftasche für Pfiffigunde • 1 fester Spickzettel für SpielleiterIn • 1 fester Spickzettel für Kameramann/-frau • je 1 Rüstung rot, blau, gelb • je 4 Arm- und Fußbänder rot, blau, gelb • 3 Folienstifte in rot, gelb, blau • 1 Rolle Kreppband (Beo.sit. 16 und 24) • 1 Prinzessin Pfiffigunde	**Grundausstattung ohne Puppen**	**Grundausstattung mit 1 Puppe**	**GESAMTES VERFAHREN** (B.sit. 1 bis 31) **ohne Puppen** *oder* **mit allen Puppen (Prinzessin, Fee, Riese, Hexe, Wächter)**
• 3 Sitzmatten in rot, gelb, blau • 1 Säckchen mit Geld (3 x 20 5-Pf.-Stücke), 3 Gelddosen • 1 Zauberstab • 3 Vorlagen (mit Folie bezogen) • 3 x 3 Zauberseile, markiert mit rot, gelb, blau • 3 Tücher zum Zudecken der Zauberseile in rot, gelb, blau • 3 Tastboxen in rot, gelb, blau • 3 x 6 Stoffpaare (insg. 36 Stück Stoff) • 1 Fee	**Teil I** (B.sit. 1-13) **ohne Puppen**	**Teil I** (B.sit. 1-13) **mit 1 Puppe**	
• 1 Zauberlandkarte (Einlage für Deckel) • 6 Holzscheiben mit versch. Zeichen • 6 Wegbeschreibungen • 1 Höhle für den Riesen • 3 x 7 Streifen (Folie), Band, Schlüssel • 3 Augenbinden • 3 kleine Geschenke (mit Benennung) • 1 Riese mit langem Kleid und Stock	**Teil II** (B.sit. 14 - 22) **ohne Puppen**	**Teil II** (B.sit.14-22) **mit 1 Puppe**	
• 1 DIN A 5 Block (für Ausweise) • 3 Buntstifte in rot, gelb, blau • 3 x 2 Plätzchen (innen Kunst) • 1 Schloßtor • 1 Hexe (blind) • 1 Wächter	**Teil III oh-ne Puppen**	**Teil III** (B.sit. 23 - Ende) **mit 2 Puppen**	

'Komfort'ausgabe für 1 Ritter (K 1)

• 1 Karton für Material (Deckel für Zauberlandkarte verwenden) • 1 Stofftasche für Pfiffigunde • 1 fester Spickzettel für SpielleiterIn • 1 fester Spickzettel für Kameramann/-frau • 1 Rüstung rot, blau oder gelb • 4 Arm- und Fußbänder rot, blau o. gelb • 1 Folienstift in rot, gelb oder blau • 1 Rolle Kreppband (Beo.sit. 16 und 24) • 1 Prinzessin Pfiffigunde	**Grundaus-stattung ohne Puppen**	**Grundaus-stattung mit 1 Hand-puppe**	**GESAMTES VERFAHREN** (B.sit. 1 bis 31) **ohne Puppen** *oder* **mit allen Puppen (Prin-zessin, Fee, Riese, Hexe, Wächter)**
• 1 Sitzmatte in rot, gelb oder blau • 1 Geldsack mit Geld (20 5-Pf.-Stücke), 1 Gelddose • 1 Zauberstab • 1Vorlage (mit Folie) • 3 Zauberseile, rot, gelb, blau markiert • 1 Tuch zum Zudecken der Zauberseile in rot, gelb oder blau • 1 Tastbox in rot, gelb oder blau • 6 Stoffpaare • 1 Fee	**Teil I** (B.sit. 1-13) **ohne Puppen**	**Teil I** (B.sit. 1-13) **mit 1 Puppe**	
• 1 Zauberlandkarte (Einlage für Deckel) • 6 Holzscheiben mit versch. Zeichen • 6 Wegbeschreibungen • 1 Höhle für den Riesen • 7 Streifen (Folie), Band, Schlüssel • 1 Augenbinde • 1 kleines Geschenk (mit Benennung) • 1 Riese mit langem Kleid und Stock	**Teil II** (B.sit.14-22) **ohne Puppen**	**Teil II** (B.sit.14-22) **mit 1 Puppe**	
• 1 DIN A 5 Block für Ausweise • 1 Buntstift in rot, gelb oder blau • 2 Plätzchen (innen Kunst) • 1 Schloßtor • 1 Hexe (blind) • 1 Wächter	**Teil III ohne Pup-pen**	**Teil III** (B.sit. 23 bis Ende) **mit 2 Puppen**	

'Spar'ausgabe für 3 Ritter (S 3)

Material	ohne Puppen	mit Puppe(n)	Gesamt
• 1 Karton für Material (Deckel für Zauberlandkarte verwenden) • je 4 Arm- und Fußbänder rot, blau, gelb • 3 Buntstifte in rot, gelb und blau • 1 Stück Kreide (Beo.sit. 16 und 24) • 1 Prinzessin Pfiffigunde	**Grundausstattung ohne Puppen**	**Grundausstattung mit 1 Puppe**	**GESAMTES VERFAHREN** (B.sit. 1 bis 31) **ohne Puppen** *oder* **mit allen Puppen (Prinzessin, Fee, Riese, Hexe, Wächter)**
• 3 Sitzmatten in rot, gelb, blau • 1 Geldsack mit Geld, (3 x 20 5-Pf.-Stücke), 3 Gelddosen • 1 Zauberstab • 3 x 3 Zauberseile, rot, gelb, blau markiert • 3 Tücher zum Zudecken der Zauberseile in rot, gelb, blau • 3 x 6 Stoffpaare (insg. 36 Stück Stoff) • 1 Fee	**Teil I** (B.sit. 1 bis 13) **ohne Puppen**	**Teil I** (B.sit. 1-13) **mit 1 Puppe**	
• 6 Holzscheiben mit verschiedenen Zeichen • 1 Riese mit langem Kleid und Stock	**Teil II** (B.sit. 14 - 22) **ohne Puppen**	**Teil II** (B.sit. 14 bis 21) **mit 1 Puppe**	
• 6 Plätzchen (innen Kunst) • 1 Hexe (blind) • 1 Wächter	**Teil III** (B.sit. 23 bis Ende) **ohne Puppen**	**Teil III** (B.sit. 23 bis Ende) **mit 2 Puppen**	

'Spar'ausgabe für 1 Ritter (S 1)

Material	ohne Puppen	mit Puppe(n)	Gesamt
• 1 Karton für Material (Deckel für Zauberlandkarte verwenden) • 1 Buntstift in rot, gelb oder blau • 1 Stück Kreide (Beo.sit. 16 und 24)	**Grundaus-stattung ohne Puppen**		
• 1 Prinzessin Pfiffigunde		**Grundaus-stattung mit 1 Puppe**	**GESAMTES VERFAHREN** (B.sit. 1 bis 31) **ohne Puppen** *oder* **mit allen Puppen (Prin-zessin, Fee, Riese, Hexe, Wächter)**
• 1 Geldsack mit Geld (20 5-Pf.-Stücke), 1 Gelddose • 1 Zauberstab • 3 Zauberseile, rot, gelb, blau markiert • 6 Stoffpaare	**Teil I** (B.Sit. 1-13) **ohne Puppen**		
• 1 Fee		**Teil I** (B.sit. 1-13) **mit 1 Puppe**	
• 6 Holzscheiben mit verschiedenen Zeichen	**Teil II** (B.sit. 14 -22), **ohne Puppen**		
• 1 Riese mit langem Kleid und Stock		**Teil II** (B.Sit. 14-22) **mit 1 Puppe**	
• 2 Plätzchen (innen Kunst)	**Teil III** (B.sit. 23 - Ende) **ohne Puppen**		
• 1 Hexe (blind) • 1 Wächter		**Teil III** (B.sit. 23 - Ende) **mit 2 Puppen**	

DIAGNOSTIK MIT PFIFFIGUNDE
BARBARA CARDENAS

BARBARA CÁRDENAS (DIPL.PSYCH., DIPL.PÄD.)
RHEINSTRASSE 31, D-63128 DIETZENBACH

E-MAIL: R.B.Cardenas@t-online.de

FAX: 06074/835910
TEL. 06074/835901

Barbara Cárdenas
Rheinstraße 31

D – 63 128 Dietzenbach

Absender:

Name, Vorname ....

Beruf, Institution ....

Adresse ....

.... *priv.* ❑ , *dienstl.* ❑

Tel. .... *priv.* ❑ , *dienstl.* ❑

FAX .... *priv.* ❑ , *dienstl.* ❑

e-mail .... *priv.* ❑ , *dienstl.* ❑

Ich habe keinen Zugang zu Ihrer homepage.

❑ Informieren Sie mich daher bitte über die aktuellen Preise der verschiedenen Materialkästen zur *'Diagnostik mit Pfiffigunde'*.

❑ Informieren Sie mich daher bitte über Fortbildungsveranstaltungen zur Einführung, Vertiefung und Supervision des Verfahrens *'Diagnostik mit Pfiffigunde'*.

Raum für Notizen:

Raum für Notizen: